夏の間に陸上の氷河から切り離され、漂流した巨大な氷山。
氷のかけらを集めて飲み水にした

夜空に輝くオーロラの下で眠りにつく。氷点下30度のキャンプ生活

奥に立ち上がるのは、世界最大の垂直岩壁を持つトール山

天気の良い日には、寝袋やブーツを日向で干して乾燥させる

テントの中で明日のルートを考える荻田

夕食のラーメン。大量のバターとソーセージ

一日の終わりに、テントの外で絵を描く松永。色鉛筆で、北極の景色や仲間たちの様子をスケッチした

ナビゲーションをする西郷（中央）途中から、荻田は若者たちに進路決定の役割を委ねた

ソリを引いて歩く私たちの前方を、子連れのホッキョクグマが通り過ぎていく

ホワイトアウトの中での進行。周囲から陰影が消え、全てが真っ白な世界に変わる

上／風が雪面を削ったサスツルギの段差に引っかかる
下／海から600mの垂直岩壁を持つピレクトゥアク島

休憩のたびにソリに倒れ込む

バフィン島の谷底を進む。遠くから私たちの姿を撮影する柏倉は、幻想的な一枚を収めた

猛烈な地吹雪が始まると、真っ直ぐ歩くことすら困難になる。進行を止め、安全な島影に避難する

海氷が隆起した乱氷帯を進む。ソリを持ち上げ、腰の高さの段差を乗り越える

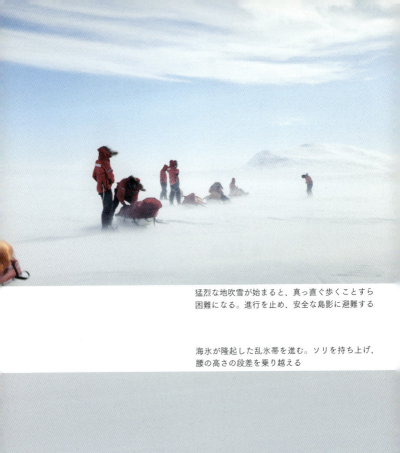

わたしの旅ブックス
057

君はなぜ北極を歩かないのか

荻田泰永

産業編集センター

君はなぜ北極を歩かないのか―目次

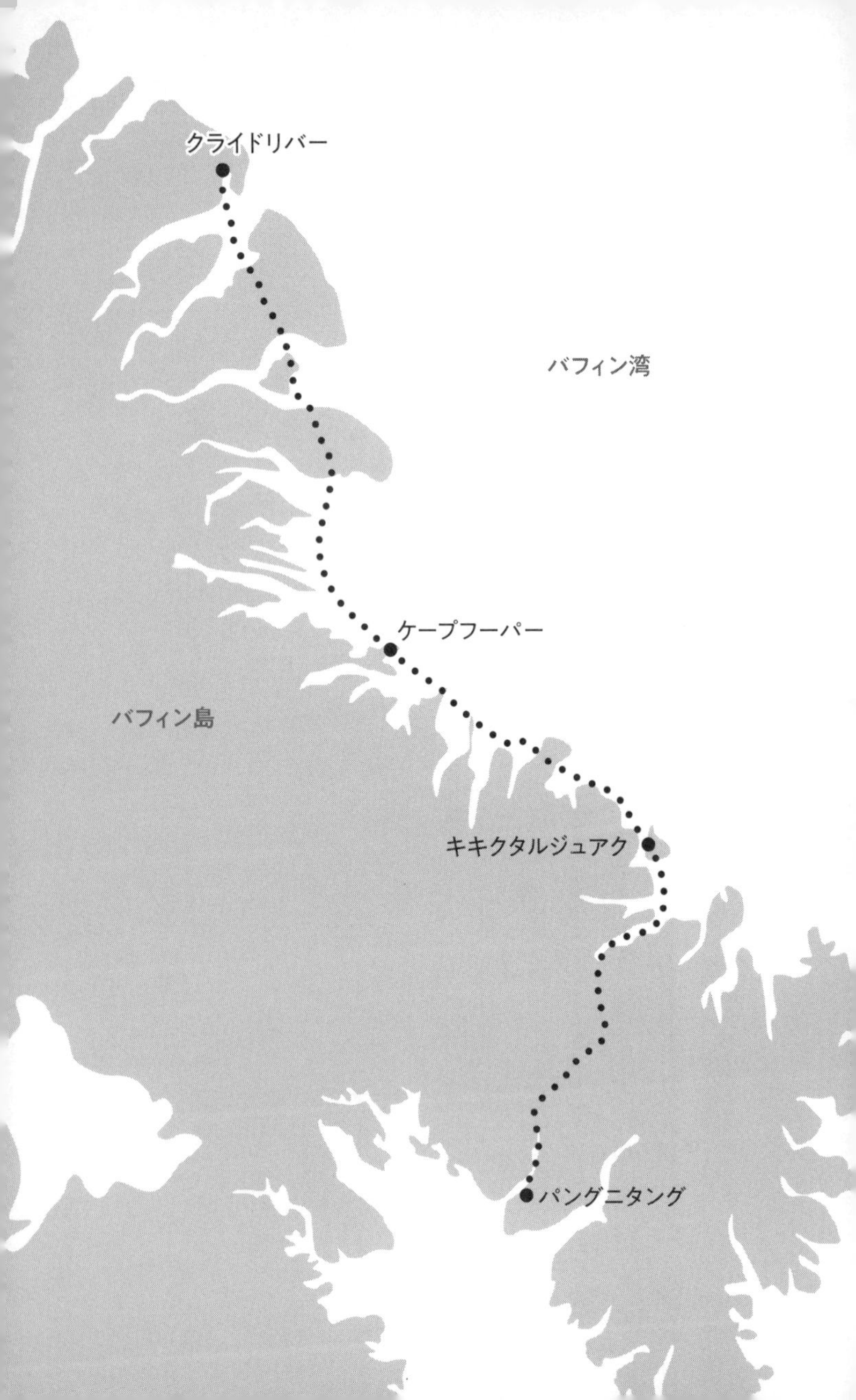
クライドリバー
バフィン湾
ケープフーパー
バフィン島
キキクタルジュアク
パングニタング

北極圏を目指す冒険ウォーク2019　ルート図

2019年

4月7日　パングニタング出発

5月5日　クライドリバー到着

総距離607km

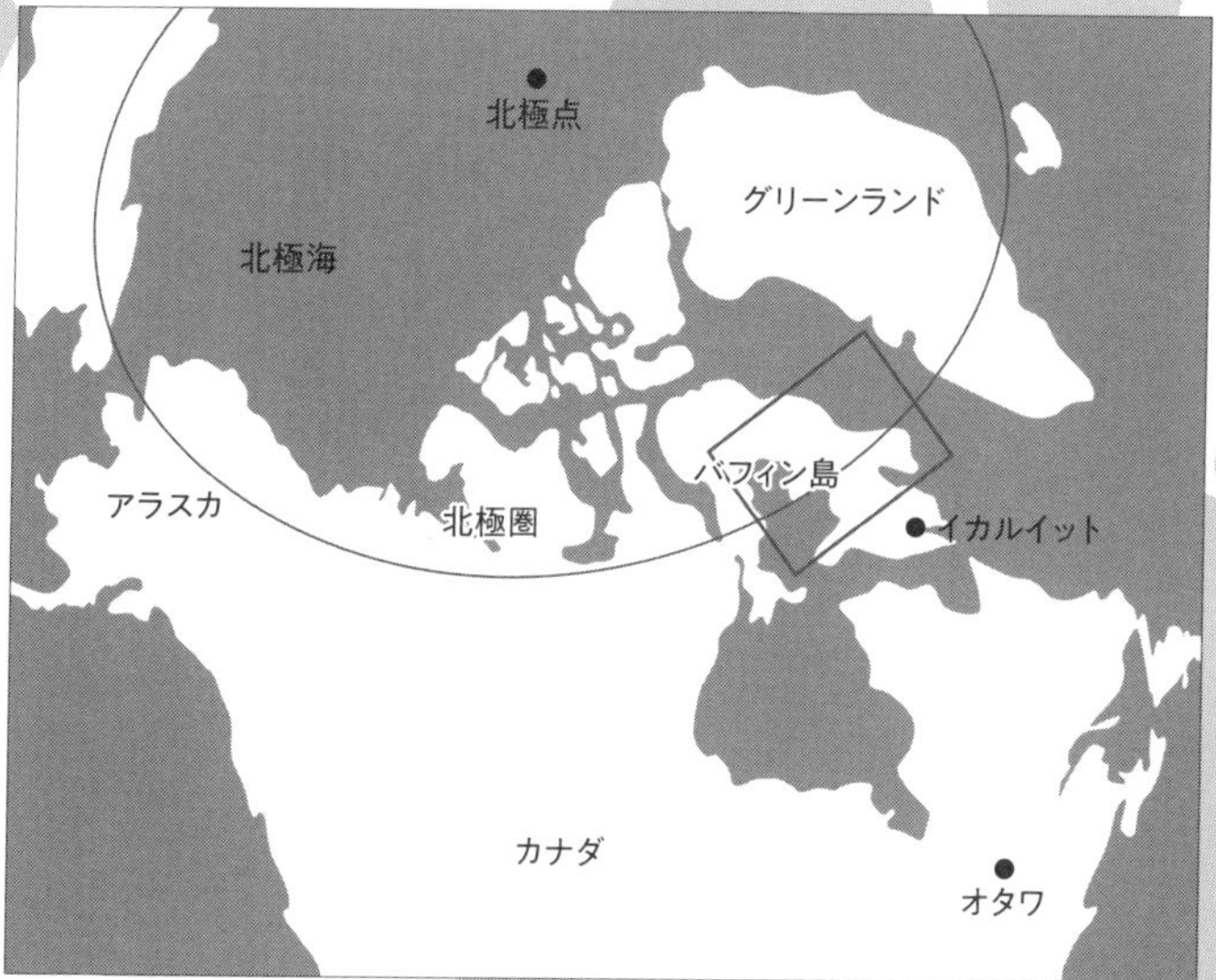

〈北極圏を目指す冒険ウォークメンバー〉

＊（　）内は参加当時の年齢

諏訪順也（24）
社会人2年目
退職して参加

西郷琢也（25）
社会人2年目
物流会社営業職

池田未歩（19）
北海道大学

飯島啓方（24）
旅好きフリーター

小倉秀史（23）
元調査捕鯨船員

松永いさぎ（23）
東京藝術大学

安藤優汰（22）
法政大学

小菅史人（25）
フリーター

大和田篤（22）
フリーター

市川貴啓（28）
編集プロダクション
勤務

花岡凌（26）
物流会社
退職して参加

三浦善貴（20）
北翔大学

柏倉陽介（40）

荻田泰永（41）

プロローグ　南極で新たな旅を思う

二〇一七年十一月。私は南極点無補給単独徒歩到達に挑戦するため、南極大陸の南緯八〇度、ヘラクレス入江に降り立った。

地図上での海岸線にあたるこの地点から出発し、南極点までの一一二六kmを、行程の途中で外部からの物資補給を受けない「無補給」で、そして完全に一人の状態である「単独」さらに、人力以外の機動力を用いない「徒歩」により踏破するという計画だ。

無補給単独徒歩で南極点到達を果たした日本人はおらず、世界でも二十名を数えるほどだった。

六十日分の食料や燃料、テントや寝袋をはじめとした物資を搭載した、約一〇〇kgのソリを自分で引きながら進む。標高二八〇〇mの南極点まで、一〇〇〇kmを超える単独行だ。

南米チリの南端、プンタアレナスから航空機で南極大陸に上陸し、ベースキャンプとなる地点から小型のプロペラ機に乗り換え、ヘラクレス入江に到着した。

南極点へのスタート地点となる、無人の氷原に私を送り届けたプロペラ機はすぐに帰還し、私はその場に一人取り残された。

周囲はどこまで見渡しても生き物の気配のない、真っ白な南極大陸。

ソリを引くために上半身にハーネスを装着し、足にはスキー、手にストックを持ち、背後にソリの重量を感じながら氷床を登り始めた。

私は、二〇〇〇年から北極圏ばかりを歩いてきた。

カナダ北極圏、グリーンランド、北極海が私の主な活動地域だ。北極においても、自力でソリを引きながら長距離を踏破するというスタイルでの冒険行を繰り返してきた。今回は初めての南極大陸。北極とはまた違う、もう一つの極地への挑戦に、私の心は沸き立っていた。

海が凍結した海氷上をゆく北極冒険と異なり、南極点への挑戦は大陸上での活動となる。北極では、海氷が最も分厚く成長する、つまりは最も寒さが厳しい時期を狙って遠征を行うのだが、南極内陸部に人間が立ち入ることができるのは南極の夏のみとなる。

雪が長い年月をかけて数千mにまで積み上がった南極氷床は、夏と冬でその安定感に変化はないため、自ずと夏が南極での冒険可能な時期となる。北極は冬の終わり、南極は真夏とそれぞれ訪れる時期が異なる。具体的には、北極であれば三月から五月が海氷上での遠征が可能な時期となり、一方の南極は南半球が夏を迎える十一月から一月にかけてとなる。

　海である北極の海氷は激しく動き回り、氷が数メートルも隆起した乱氷や、河のように割れた水路（リード）が進路を塞ぐ。一方で、南極大陸上の氷は何万年もかけて雪が堆積し、数千メートルにも積み上がった頑丈な氷だ。足元は安定し、平坦である。内陸に向かって分厚くなっていくため、南極点の標高は二八〇〇ｍを超える。とは言え、一〇〇〇㎞以上を行きながら徐々に高度が上がっていくため、大きな傾斜を感じることは極めて限定的だ。南極大陸に広がる氷床は安定し、安心して歩くことができる。景色は一〇〇〇㎞進んでもまったく変化はない。

　つまり、南極点への徒歩冒険は、動き回る海氷上をゆく北極に比べれば、格段に暇なのだ。

　格段に暇。いや、もう筆舌に尽くし難いほど、とにかく暇だ。

　北極であればホッキョクグマの襲来に常に備えておく必要があるが、南極にはクマも襲撃してくる野生動物もいない。おまけに、真夏の南極は太陽の沈まない「白夜」の時期だ。ずっと太陽は出続けているので、五十日間、明るさすら変わらない。

「オーロラは綺麗ですか?」

そう聞かれるかもしれないが、ずっと太陽が出ているので、オーロラは見えない。

足元は一面の白い世界、空は青、夜も訪れない。時々曇ったりすれば、雲のダイナミックな動きに感動することもあるが、それ以外は何もない。

「ペンギンに会いましたか?」と、帰国後の講演会などで聞かれることもあるが、南極の内陸部は生態系が一切存在しない不毛な雪と氷の世界。ペンギンどころか、ウイルスやバクテリアレベルで生命が存在しない環境だ。木星の衛星エウロパには、原始的な生命の存在の可能性が指摘されているが、もしかしたら南極大陸内陸部は、エウロパよりも生命がいない世界かもしれない。南極点までの五十日間、一切の野生動物に出会うことはない。

地球上で最も変化が乏しく、生命から縁遠い世界を五十日間、ただただ歩いていると、やがて考えるネタにも困り、さて、次は何を考えようかと考えながら歩く。考える時間はいくらでもある。一日十二時間、風景の一切変わらない、真っ白な氷原を見続ける日々を五十日続けていると、頭の中では様々に思考が飛び回る。

自分のこれまでの人生を、一番記憶の深いところから今に至るまで、なるべく詳しく思い出してみよう、とか。あるいは、日本に帰ったらあそこのカツ丼を腹一杯食べてやろうか、今頃友達のあいつは何してるかな、前に読んだサルトルが言ってたことってこういう解釈で良いのかな、など。雑多なことから卑猥なこと、ちょっと哲学的なことまで、有り余る時間の中で自由に思考を巡らせる。

そんな時、さて、この南極点への遠征が終わった後は何をしようかと考えた。これまでひたすら極地に通って徒歩冒険を繰り返してきた。自分の成長を望み、自分がどこまでできるのか、何ができるのかを確かめるような日々だった。

自分にとって、極地冒険のスタートとなったのが、二〇〇〇年のことだ。冒険家の大場満郎《みつろう》さんが企画した、素人の若者たちを率いてカナダ北極圏を七〇〇㎞踏破する冒険行に私は参加した。

当時の私は二十二歳。そうか、俺も二十二歳だったか、若かったなぁ。いま、自分は何歳だっけ？　そうか、四十歳だ。

その前年、大学を中退してやるべきことを見失い、エネルギーだけを持て余していた時に偶然、テレビのトーク番組でそれまで存在も知らなかった冒険家の大場さんを知った。

その頃の私は、アウトドア経験もなければ、探検部や山岳部に所属したこともなかった。海外旅行にも行ったことはないし、もちろんパスポートも持っていない。特徴もなく取り立てて人に比するものもない、普通の若者だった。冒険や探検の分野に明るいわけでもなく、北極のことなど何も知らなかった。

テレビの中で、生き生きとそれまでの極地での冒険を語る大場さんの姿に、なんとなく目が離せなくなった。

大場さんは、単独徒歩で極地を歩く冒険を続けているという。

北極海をロシアからカナダに向けて二〇〇〇km、単独での横断に挑戦していた時に、両手両足に重度の凍傷を負い救助されたものの、足の指の十本全てと手の指二本を切断した。

その傷も癒えたとは言い難い次のシーズンには北極海横断に再挑戦するが、またも失敗。重いソリを引き、踏ん張る度にまだ皮が厚くなっていない足指の切断面の傷が裂け、そこから血が吹き出し、ブーツの中で靴下が血に染まりながら歩いていたという。一日歩いて、テントの中でその靴下を脱ぐ時に、傷口に固まった血がカサブタを剥がすような感じで、これが痛いんですよねぇー、と笑いながらテレビの中で喋っていた。

絶対この人は頭がおかしい。頭のネジが存在していないのだろう。なんでこんなことやっているんだろうかと、疑問しか浮かんでこなかった。冒険家は、異常とも言える熱量で極地冒険を語っていた。その北極海横断も三年連続失敗するが、四年目に成功を果たしたという。

極地冒険を淡々と、笑顔交じりに語る大場さんの姿を見ながら、私には分からないことだらけだった。なぜそこまでして、極地を歩くのか。それをやったらどうなるのか。儲かるのか？　誰か勲章でも与えてくれるのか？　そんなことではないことは分かっているが、それでも疑問だった。ただ、私の胸はなぜか熱くなっていた。

今から思うと、当時の自分にとっては大場さんが羨ましかったのかもしれない。極地で何度も死の手前まで迫るような体験をしながら、それでも自分の決めた目標に対して打算なく進む姿勢に、なんとなく惹かれるものがあった。

私には、危険なことをしたいという思いはまったくなかったが、エネルギーの傾け方として大場さんの生き方が輝いて見えた。自分も一つのことに対して全力を傾けるような生き方をしてみたい。走り出したいのに、走る方向も走り方も分からないことへのもどかしさ。自分は特別なはずだ、という、根拠のない自信だけを抱えながらも、まるで実践の方法を知らない自分に対する鬱積した思いは、やがて自らへの怒りに変わっていった。その感情が澱みのように溜まり続け、やがて発酵して爆発寸前だった時に、エネルギーを燃焼し尽くさんばかりの勢いで「生きること」を真面目に実践している冒険家の姿をテレビの中に見た。

最初は冷やかし半分で見ていたが、途中から食い入るように目が離せなくなり、最後には画面に頭を突っ込む勢いで前のめりになっていた。

番組も終わりに近付いた時、司会のアナウンサーが尋ねた。

「次の冒険の計画はあるんですか?」

それに対して、大場さんはこう答えた。

「来年は、大学生くらいの素人の若者たちを連れて北極を何百キロも、ソリを引いて歩こうと思ってるんですよ」

「行けるんですかぁ、大学生が。甘っちょろいですよ〜」

司会者の返答に、大場さんはさらに応じた。

「いや、でもね、行けば必ず人間としての生きる力が湧いてきて、ものすごく集中します。大丈夫ですよ！」

その言葉を聞いた瞬間、私は胸が高鳴った。

素人の大学生くらいの若者たちを連れて北極を歩くという。それは大学生限定なのだろうか。自分も参加できる可能性はあるのだろうか。北極なんて、これまでまったく意識したことはなかったが、なぜか気になって仕方がない。自分の人生の中で、北極というキーワードが頭をよぎったことはこれまで一度もない。北極に行きたいというよりも、自分の中に抱えながら向け場の分からないエネルギーを、この人と北極という環境なら受け止めてくれるのではないだろうか、そんな直感があった。

そうこうしているうちに「また明日～」という、司会者の軽快な挨拶でその放送は終了し、気がつくと次の番組が始まっていた。

テレビの前で、強烈な印象だけを受け取って放り出された私は、大場満郎という名前が頭から離れなかった。

ネット社会が進んだ現代であれば、検索をかけて大場満郎とはどんな人物なのか、すぐに調べられるだろう。ホームページからお問い合わせフォームに進んでメールでも送ってみようか、ということもできるのかもしれない。SNSでもやっていれば、直接連絡を取ることも易しいだろう。

しかし、時は一九九九年のことだ。現代のネット社会とは事情がまるで違う。果たしてどうやってテレビで知った以上の情報を得れば良いのか、当時の自分には見当もつかなかった。

大場さんに関する情報を求め、あわよくば連絡先も知りたいと思っていたが、あの時は最初にどんな行動をしたのだろう。南極の雪面を見つめながら思い出した。

そうだ、まずは書店や図書館に行き、大場さんの本を探してみた。いくつか大場さんの著作を見つけ読んでみると、テレビでは語られていなかった冒険の様子やその生き様が見えてきた。が、連絡先はやはり分からない。来年行くという、若者たちを率いての北極の旅にどうやったら参加できるのだろうか、そもそも、本当に実施されるのだろうか。

頭の片隅にずっと「北極」と「大場満郎」という名前を残しながら日々を過ごしていたある日、当時住んでいた実家で新聞の朝刊を何気なくめくっていた。

熟読するでもなく、流し読みしながら紙面を眺めている時に、ふと視界の片隅に気になる文字が飛び込んできて手が止まった。気になったところをよく見ると、小さな講演会の案内記事が出ていた。

「冒険家と語る」

確かそのようなタイトルの記事だった。紙面の下段に小さく、新聞社からのお知らせとして掲載されている、普通なら見逃してしまう小さな記事だ。

講演会が開催されるらしく、登壇する講演者の中に、数名の登山家に混じって「大場満郎」という名前を見つけた。

まさかここに「大場満郎」という名前が書いてあり、そこに北極への入り口があるとも思いもしない。頭の片隅に「北極」「冒険」「大場」という言葉を置き続けていた私の脳は、視界の片隅をコンマ数秒で通り過ぎようとする文字を見逃さなかった。すぐに講演会の参加希望の往復はがきを書いて投函した。

数日後、講演会の案内が自宅に届いた。

確か十一月だったと思う。有楽町の東京国際フォーラムに講演を聞きにいくと、三名の登山家と、極地冒険家として大場さんがステージにいた。初めて見る、生身の大場さんだった。

その講演の中でも大場さんは、これまでの極地での体験を語り、最後に「来年は若者を連れて北極に行こうと思っている」と語っていた。

やっぱり北極に行くんだ、確かにその計画は進んでいるんだ、という実感を得た私は、その場で手を挙げて「僕も北極に参加したいです！」と、名乗り出るほどの度胸はなかった。

いや、そうなんだよ、あの時にはそこまでの度胸はなかったんだよなぁ。

それからどうしたんだっけ？　そうだ、帰宅すると講演会主催の新聞社に宛てて手紙を書いたんだ。自分も大場さんの北極の旅に参加したいということ、連絡先を教えてもらえないだろうかと書き、祈るような気持ちで便箋を投函した。投函する時のドキドキ感は、今でも覚えている。

数日後、当時持ち始めたばかりの私の携帯電話が鳴った。相手は手紙を受け取った新聞社の方で、私の手紙を大場さんに送ったという。

「荻田さんの手紙を受け取りました。大場さんご本人に転送したので、おそらく大場さんから連絡があると思います」

そう言われ、半信半疑で返事を待つことにした。

さらに数日後、自宅の郵便ポストに一通の封書が届いた。

ボールペンでダイナミックに私の名前が書かれている。封書の裏を見ると、差出人が「大場満郎」と書かれていた。

胸の鼓動が大きく打つのを感じた。

この手紙を受け取った瞬間の感情は、きっと死ぬまで忘れないだろう。何か、自分の人生が動き始めたような、確かな重みと手応えがあった。「俺の人生に、何かが始まるんだ」そんな期待感を持った。

あの時の手紙は、今でも大切に保管している。

大場さんからの手紙には、すでに参加を希望しているメンバーが数名いて、毎月一度、都内で集まっていること、次回の予定、もしよかったら話だけでも聞きにきたらどうですか？ということが書かれていた。

これがきっかけとなり、私は二〇〇〇年四月から九名のメンバーの一員として「北磁極を目指す冒険ウォーク」に参加した。

カナダ極北部の小さな村レゾリュートから、地球上の地磁気の極である北磁極までの七〇〇㎞をソリを引いて踏破する計画だ。

当時の私は二十二歳。海外旅行もアウトドア経験も、何もかもが初めての体験だった。参加したのは私と同世代の若者が多く、皆が揃ってアウトドアもろくに経験したことのない素人だった。そのため、北極に行く前の一月と二月にそれぞれ一週間ずつの雪中合宿が実施された。大場さんの生まれ故郷である山形県最上町にある前森《まえもり》高原にて、基本的なキャンプ道具の使い方を学び、ソリを引きながらスキーで歩く体験を行った。

二〇〇〇年四月にカナダ北極圏に向かい、七〇〇㎞三十五日間の冒険行を無事に終えた。その翌年から、一人で北極へと通う日々が始まる。

大学を中退して、自分の生き方に手応えを持てなかったある日、テレビで大場さんを偶然知ったことが全ての始まりだった。

あの日、あの番組を見ていなければ、私は極地を歩いてはいなかった。それは断言できる。もし違うことをやっていれば、自分は何をしていたんだろうか。違う人生というのは想像もできないが、あの時の自分はエネルギーを持て余して、一刻も早くその使い道を求めていたので、何かしらやるべきことを見つけていただろう。

南極点に向けて一歩一歩、真っ白な氷原と青い空を見つめながら私は考えていた。偶然出会った極地冒険の世界に夢中になり、時間も金も全てを費やしてきた。それをやってどうなるのか、そんなことは知らん。どうなるかは知らないが、間違いなくどうにかはなるんだ。自分なら、自分の信じる道を歩き続ければ必ず、納得のいく人生に到達できるはずだという想いが常にあった。では、この南極点への遠征が無事に終わった次はどうしようか。

この二十年弱、自分の原点となった二〇〇〇年の北磁極への冒険ウォークが、常に頭の片隅にあった。

自分の成長を願い、一つずつ課題を乗り越えながら極地冒険の実力をつけてきた。この日々を送っていった先には、いつの日か自分が大場さんのように、若者たちを率いて北極を歩く日が来るようなイメージを持っていた。

しかし、まだ若く自分の課題にひたすら取り組んでいた頃には、他人を連れて北極を歩くことは現実的に考えられなかった。それほどの実力も実績も伴っているとは思えず、いつの日かやって来るであろう未来のイメージとして、脳内の片隅に置いておくだけのものだった。

そうだ、この南極が終わったら、次は自分が若者たちを連れて北極を歩こう。

南極を歩きながら、そのアイデアが現実味をもって私の中に育っていた。計画を実施する許可が、自分自身に対してようやく出たような気がした。

一旦アイデアの芽が出ると、南極点までの有り余る時間の中で具体的に計画を考え始めた。どこを歩こうか、どんな若者が集まるだろうか、自分が参加した時のことを思い出し、率いる側になった時には何を目指して歩こうかと、想像を膨らませていた。

二〇一八年一月五日。南極大陸の海岸線にあたるヘラクレス入江から一一二六km、五十日かけて私は南極点に到着した。

外部からの物資補給を受けない単独行、自分の身体以外の機動力を使わない徒歩という、無補給単独徒歩での南極点到達となった。

日本人初の成功ということもあり、到達の連絡を日本の事務局に入れると、すぐに報道各局がそれを報じた。日本時間の一月六日午前九時に事務局から南極点到達の発表をすると、NHKの昼と夜のニュースではそれぞれトップの扱いで時間をかけて報道され、他局の報道番組でもあらかた伝えられた。

日本での報道を見ていない私には、事務局の栗原から「すごい騒ぎになっているよ」と伝えられてはいたものの、どうもピンときていなかった。

一月十六日に帰国すると、羽田空港に到着した飛行機から降りた私を、テレビカメラが待ち構えていた。

飛行機からボーディングブリッジを渡り、空港ターミナルビルに入ると、飛行機から降りてくる乗客を狙うテレビカメラを見つけた。が、最初はまさか自分を待っているとは思いもせず、誰か有名人でも乗っているのかな?と思いながら、無視してカメラの前を通り過ぎようとした。すると、背後から「いま、南極点への過酷な挑戦を終えた荻田さんが帰国しました」というレポートが聞こえ「あれ! 俺っすか?」と声を上げて振り返ってしまった。

羽田空港内には記者会見場が設けられ、三十社近くの報道メディアが集まった。南極点への冒険を振り返り、質問を受ける中で予想はしていたがある質問が来た。

「次の冒険は何を考えていますか？」

その質問に、迷うことなく南極で考えていたイメージを語った。

「私が初めて北極に行ったのは、冒険家の大場満郎さんに連れられての北磁極行でした。あれから二十年近くが経ちましたが、来年、私が若者たちを連れて北極で徒歩冒険をしたいと思っています」

この時には、私の頭の中にははっきりと、二〇一九年の計画として若者たちを率いての北極冒険が描かれていた。

第一章　冒険のはじまり

募集をしないという選抜方法

若者たちとの北極行を計画する中で、私にはひとつ、大事にしたいと思っていたことがあった。

それは、どうやって参加者を決めるかだ。

若者たちとの旅が終わった後に、何度も「どうやって参加するメンバーを選んだんですか?」と尋ねられた。その度に「私は選んでません。結果的に、行きたいという意思でやって来た全員を連れていきました」と答えた。それは何も選抜なしなのか?というと、そうではない。私がとった手法は「募集をしない」という選抜方法だった。

一般的に募集というのは「募り」「集める」という言葉から分かる通り、主催者から参加を呼びかけることだ。こんなことをやりますよ、参加しませんか?と投げかける。主催者が手を差し出し、その手を参加者が握り返すことで、その企画への参加が決まる。主催者が募り、そして集める。

しかし、私は募集をしないことに決めていた。つまり、私から参加者に向けて手を差し出さないということ。私が行うのは、来年の計画として若者たちと北極での徒歩冒険を行うと、告知するのみ。告知はするが、募集はしない。

差し出された手を握り返すのではなく、差し出されてもいない私の手を、勝手に握りに来る若者だけを連れて行こうと考えていた。

私の中で、選抜はそこで終了だ。

あとの条件は関係ない。運動経験とか、体力とか、協調性であるとか、アウトドアスキルとか、そんなことは正直どうでもよかった。

日本社会で計る物差しがそのまま北極の現場にも適用されるわけではない。つまり、日本の常識の範囲内で計ったところで、大した参考にならないと思うのだ。だからこそ、私が呼びかけてもいない募集に対して、差し出されていない手を握りに来る若者、募集されてもいない計画に主体的に参加表明してくる若者であれば、それで十分だと思っていた。

もう一つ、例えば何かの参加基準を設けたとすると、その基準をクリアしたことで参加できるという、何かの型に収まった均質なメンバーが揃いかねない。

北極を歩くメンバーは、一ヶ月にわたってそれぞれが一〇〇m以上離れることなく、生活を共にすることになる。それは、一つの小さな社会だ。

社会には、多様な人が存在してこそ社会となる。そこには強い人も、弱い人もいる。一般社会と異なる、規律化された軍隊のような集団であれば、効率的に確実な到達を目指すことが最大の目的となり、体力テストなどをクリアした均質化したメンバーを揃えるのが正解だろう。しかし、私がやりたいのは、極地冒険塾でも冒険家養成講座でもない。効率的にゴールを目指すための、画一的な集団を作りたいわけではない。

私がやろうとしているのは、若者たちが日本社会から飛び出して、これまでとは違う世界を体験する場作りだ。一度社会の外側を体験することで、それまで自分がいた社会に対して、新しい視座が生まれる。

北極を徒歩冒険するなどと聞けば、非日常の世界を旅すると想像するかもしれない。しかし、非日常という概念は、いま私たちが生活している日常という枠の中から見た、相対化された外側の世界のことだ。いざ日常の外側に出てみると、そこは非日常の世界ではなく、もう一つの別の日常だと分かる。極地の環境に居続けると、ソリを引いて黙々と歩く日々が日常になっていく。なんでも金で解決できる社会の構造や、自分の生存基盤が他者の努力に支えられている状況が非日常的に感じられる。

多様な日常を往復し、常識が別の視座から転換されること。それこそが、冒険の醍醐味だ。

参加するメンバーには、私の恣意的な好みであるとか、何か一つの基準に則することなく、多様な若者たちに集まってほしかった。

とは言え、やはりそこは命の危険も伴う北極の海氷上だ。観光旅行気分だったり、お手軽に体験できる極地冒険ツアーのつもりで参加されては困る。誰でも無条件にどうぞ、というわけにもいかない。そこでとったのが、募集をかけずに参加希望者を待つ、という方法だった。

募集があったから行く、という気持ちには「連れて行ってもらう」という気持ちが混じる。連れて行ってもらいたいという、受け身の姿勢ではなく、主体的に「行く」という姿勢が欲しい。私の中での選抜は、その気持ちがあるかないか、その一点で終わっていた。

南極から帰国後の記者会見だったり、そのあと出演したラジオ、テレビ、雑誌の取材、南極点遠征の報告会、講演会、さまざまな場面で「次は若者たちと北極に行く」ということを話した。大場さんが、あの時にテレビや講演会で語っていたように、私もそれを実践した。

次に考えている北極計画のことだけを話し、それ以上は言わない。「北極に行くので、参加者を募集しています」や「誰か行きたい人は連絡ください」ということは言わずに、実行することの告知だけに留めた。私から手を差し出さず、差し出されてもいない手を握りに来る若者たちを待った。

この北極行が終わった後に「どうやって若者たちを募集したのか？」という問いに対して「募集してません」という返答を、ここまでに書いたように説明すると、次に来る質問は「そのやり方で若者たちが集まる確信はあったんですか？」「最近の若者たちは行動力が乏しい気もするので、集まらない可能性は考えませんでしたか？」というものだった。私の中では、間違いなくそれで十分に集まるという確信があった。その根拠はないが、今の若者たちに行動力が乏しいとはまったく思っていない。私が大場さんの北磁極行に参加した時と、若者たちの抱える想いは何ひとつ変わっていないと思っていた。

冒険とは

冒険とは、単なるリスクを冒す行為ではなく、人間の内なる衝動に応じ、未知の領域へと主体的に踏み出すこと。そして、事後的に社会に対して影響を及ぼす一連の行為のことだ。

アメリカのユダヤ系詩人、ポール・ツヴァイクは、著書『冒険の文学』の中でこんな一節を書いている。

「冒険者は、自らの人性の中で鳴り響く魔神的な呼びかけに応えて、城壁をめぐらした都市から逃げ出すのだが、最後には、語ることのできる物語をひっさげて帰ってくる。社会からの彼の脱出は、きわめて社会化作用の強い行為なのである。」

冒険は、内なる魔神の呼びかけに応じる、根源的欲求が端緒となる。それは、衝動であり、好奇心であり、内発的で極めて個人的な動機のことだ。

城壁をめぐらした都市から脱出した先に待っているのは、生命維持もリスク回避も人為的な構造に依存することのない、行為者の主体性によって全責任を引き受けざるを得ない荒野だ。荒野の中で、主体的に責任の全てを引き受ける覚悟を持つからこそ、本当の自由が手に入る。

そこで冒険者は「語ることのできる物語」を獲得し、それをひっさげて彼は城壁に帰還する。

魔神的な呼びかけに応じて旅立った彼の行為は、城壁の外で荒野の声を聞き、語ることのできる物語としてそれを社会に伝えた時、人々に新たな視座を与え、初めて社会的な意味を帯びることとなる。

冒険とは、社会性をまとった人類という生物種が、その社会に動的平衡を与え続けるために本能的に獲得した、生存戦略のことである。

社会の平衡を保つためには、固着しようとする価値観に絶えず刺激を与え、緩やかな変化を促す必要がある。人間の常識が支配する社会に対して、社会の外側で動いている別の常識を伝えることが、冒険者たちの一つの役割だ。

城壁に守られた都市生活者は、城壁外の「非常識」を忘れていく。

私は、厳しい極地冒険に出ると、五感が鋭敏になっていくことを実感する。それは、都市生活で減退した身体性が、過酷な環境において解放される瞬間だ。

私の場合は特に、聴覚が鋭くなっていく。それを体験することもよくある。テントの中にいて、ホッキョクグマの接近を一〇〇m以上離れた地点で察知した時は、私の左側頭部に鳥肌が立つような感覚があった。

「左後ろから、ホッキョクグマがやってくる！」

何かが聞こえたような明確な存在感は、すでにテントに触れそうなくらいに接近されていると感じたが、実際にテントの外に出てみると、まだ遠く、接近が聞こえるはずもない距離だった。しかし、感じた方向は正確だった。常識的に考えれば、雪面を音も立てずに歩いてくるホッキョクグマの接近を、一〇〇m以上離れた場所から察知できるはずもない。「常識的に」とは、都市生活者による野生が減退した身体性による常識だ。極地の自然に磨かれた私の聴覚は、明らかにその接近を捉えていた。

室内で、犬が玄関先の来客に飼い主よりも早く気がつくように、鋭敏な五感を持った動物は僅かな気配を察知する。

長年の極地冒険を経て、私の五感は錆が落とされ、今では極地の世界に足を踏み入れた瞬間に感覚が鋭敏になっていくのが分かる。

自然に対する鋭敏な五感のスイッチは、誰しもが持っている。しかし、都市生活だけを続けていると、動物として本来的に持っているスイッチは作動する機会を持たず、錆び付いていく。

都市では、複雑怪奇に構築された社会構造が、私たちの身を守ってくれる。しかし、自然の中、ツヴァイクの語る「城壁の外側」では、誰も自分の身を守ってはくれない。そんな環境では、自らの五感をセンサーとして、リスクをいち早く察知しなければ死んでしまう。

五感のスイッチは、社会が正常に稼働している時には、錆び付いていても問題はない。錆びていても、社会環境が自分を守ってくれる。しかし、人間が作った社会は停止する瞬間がある。

自然災害、戦時下、テロ、群集心理、緻密に計算された社会構造を、現実の事態が凌駕した瞬間に、そこは誰も自分の身を守ってはくれない、野生の世界と同等か、それ以上に危険な場所になる。

大震災や、猛烈な豪雨災害の真っ只中で、大声で行政に文句を言ったところで、仕組み自体が機能していない。

そんな時に、あなたは自分の身を守れるだろうか？　五感のスイッチが錆び付き固着した人は、主体的に考える力を喪失していく。

社会に蔓延る「常識」「当たり前」「普通」そんな言葉たちは人々から野生の力を奪い、社会的な常識である同調圧力や空気の支配が人を均質化させ、和を乱す人間の存在をエラー要素だと排除しようとする。

しかし、何が常識で何がエラーか、全ては社会の論理でしかない。常識とは、都市社会の常識であり、計算されたシステム内のエラーだ。城壁に守られた都市生活者にとっては、理解可能な常識こそが世界の真理であって、絶対的なものになる。

この地球上には、都市社会とは無縁の世界の方が、遥か広大に存在している。

私が感じた鋭敏な感覚というのは、地球上で「人類以外」の生物が共有している「常識」なのかもしれない。私たちだけが、地球の常識から逸脱し、減退させている感覚なのかもしれない。身近にいる、猫、犬、鳥たちを見れば、私たちよりも遥かに鋭敏な感覚の中で生きていると分かる。人間だけが知らない世界を、彼らは生きている。

いつの間にか、人間だけが野生世界から切り離され、人間固有の常識の中で生きている。そして、地球規模から言えばスーパーマイノリティである人類の常識が、この世の常識だと勘違いして生きているのが、私たちだ。

社会を離れたところで確かに駆動している城壁の外側の常識を、都市生活の内側で価値観が固着した人々に知らせることで、人類は新たな視座を獲得し、歴史を展開させてきた。冒険とは、個人的な行為が社会に対して影響を及ぼす、その一連の営みのことを言う。冒険に意味が与えられるのは、全ては事後的である。

「験」の発見

そもそも「冒険」とはどんな意味を持つ言葉なのだろうか？

私は北極を歩き始めた二〇〇〇年から、この言葉を目にするたびに、自分の行為と私が抱えるメンタリティをまるで表していないと感じてきた。

似た言葉として「探検」がある。冒険と探検の違いはどこにあるのだろうか。界隈では言い古された言葉になるのだが、冒険と探検には明確な違いがある。それは、それぞれの「けん」の字に表れている。

冒険とは「危険を冒す」の熟語で、危険、険しい、を表す「険」の字が当てられる。

一方で、探検とは「探り、検《しら》べる」行為であり、検査、検証に用いられる木偏の「検」が使われる。

冒険とは危険を冒すこと、探検とは何かを探ること。明確に言葉の違いがある。

しかし、ほとんどの人は、冒険も探検も、特に意識的に使い分けていないだろう。ところが、そう思いながら、実は無意識的に二つの語義を理解して使い分けているはずだ。

例えば、私が貯金を全て競馬に注ぎ込むと宣言した時に、それを聞いた人は「ずいぶん冒険するな」とは言うが「ずいぶん探検するな」とは言わないだろう。ここでは冒険という言葉が相応しいと、深く考えるまでもなく理解している。

言葉は、無意識下で人間のイメージに影響を与えている。

かつての大学探検部あたりでは、冒険と探検の違いが侃侃諤諤に議論されていたという話をよく聞く。

「俺たちがやっているのは探検であって、冒険ではない！」

冒険は危ないことをやるだけの、幼稚な行為であり、自分たちは民族学や地質学などの、科学の発展を目的とした高尚な行為である、という意識が探検部の多くにはあったという。その思考は現代においても私たち、日本人冒険者の行為を規定しようと影響を及ぼしている。果たして、自分のやっている行為は冒険的なのか、探検的なのか。つまりは、何の意味がある行為なのだろうか、という悩みを、冒険と探検という二分法でどちらかに当てはめて解釈しようと試みるのだが、多くの場合は釈然としない感覚が残る。

私もずっと、自分の行為と言葉の整合性を考えてきたのだが、この二つの言葉では収まりきらない感覚をずっと抱えていた。

収まりきらない感覚というのは、言葉の足りなさとも言い換えられる。冒険や探検という言葉では、意味が小さすぎて足りないのだ。

まず、私は探検はやっていない。何かの調査や学術的な目的を持って北極に行っているわけではない。探検は、自分の行為とはやや遠い言葉だと感じる。

では、冒険なのだろうか。

危険は、北極を歩く上ではついて回ることであるが、それが目的ではない。誰も身を守ってくれないからこそ、より主体的に考えるし、自由も責任も全てが自分の手元に返ってくると感じている。その自由と責任の中で、主体的な行為を通して、向き合う世界の拡張を試みるのが目的の一つである。その中で「危険であること」なんていうのは、行為全体を成立させるために必要な要素ではあるが、危険を冒すために北極に行くわけではない。危険でなければ冒険にはなり得ないが、危険を冒すために冒険をするわけではない。

例えるならば、マラソンを走るには、酸素がなければマラソンを走れないが、マラソンランナーは酸素を吸うために走っているわけではない。そんな具合だ。冒険という行為の中で、危険という要素は、マラソンにおける酸素のように、行為全体を覆い尽くしている必須の条件ではあるが、危険という要素自体が冒険の本質ではない。

しかし「冒険」という言葉を使った瞬間に、危険が語義の中で第一義として躍り出てくる。人々の頭の中には、競馬に貯金を注ぎ込むような、ハイリスクで、投機的で、命の危険を楽しむような行為がイメージとして先行する。これが、冒険という言葉の足りなさの問題なのだ。

対外的に私が使っている「冒険家」という肩書きを、自分で名乗りながら、そのたびに心の片隅で名乗ることを躊躇したい自分がいる。

「俺たちがやっているのは、冒険なのか探検なのか」

言葉は道具だ。主体は人間である。なぜ行為を言葉に寄せなければならないのだろう。言葉で説明可能な、小さな意味の中に自分の行為を収めていこうとしてはいないだろうか。そんな瑣末な議論に拘泥しているやつはスケールが小さい、そんなのどっちでもいいよ、若い頃は、特にそう思っていた。言葉ではなく、行為が大事なのだから、どちらでも良いのだと。

言葉というのは、物事の本質を遠ざけていこうとする力がある。言葉にならない感覚を、言葉にした瞬間に本来の意味には到達できなくなるような、意味を小さくしていく作用を持つ。

冒険という行為を、感覚によって捉えていた私は、言葉による説明を諦めていた。それは、まだ自分の言葉が足りていないことの自覚でもあった。

ところが、自分自身の行為に向き合うほどに、思考に付随する言葉からは逃れられなくなってくる。

多くの本を読み、先人の言葉を借りながら思索を続けていくと、次第に自分自身の内側から湧いてくる言葉によって説明ができるのではないかと、挑戦を試みるようになった。

やがて、冒険なのか探検なのかという、手垢も擦り切れるくらいに語り尽くされた議論に対して「最初から冒険と探検の二択でしかないことに、なぜ誰も疑問を感じないのだろうか」と、私は思うようになった。

既存の言葉が持つイメージから脱却して、自分の行為とメンタリティをより本質に迫って表現できる第三の言葉を探すべきだと考えた。

そう考えていた時に、自分の本棚の背表紙にそのヒントを見つけた。

そこには、琉球新報社が出版した『新南嶋探験　笹森儀助と沖縄百年』という本があった。

そのタイトルを見た瞬間に「これだ！」と気が付いた。

明治時代の探検家、笹森儀助は千島列島や南西諸島を広く探検し、その記録に「千島探験」「南嶋探験」というタイトルを付けていた。

彼が使っていたのは「険」でも「検」でもなく「験」の字だった。

書棚のタイトルを見た瞬間に、私がこれまでやってきた行為をより核心に迫ることができる「けん」に出会えたと感動した。背表紙のタイトルを見た瞬間に、脳内を電気が駆け回った。

「験」には、私のメンタリティを核心に迫って表してくれる語義がある。

験は「ためす」という意味がある。実験とは実際にためすこと。試験はズバリ、ためすこと。また「しるし、効果」という意味もある。効験あらたかな薬、というのは効き目が確かな薬であること。修験道とは、野山に分けいって、効果を自分のものとして修めていく行為。体験とは、身体にしるしを刻んでいくこと。経験とは、効果を経ていくこと。

私は、極地で験《ため》し続けてきた。自分はどこまでできるのだろう。新しく開発した装備は通用するだろうか。誰も歩いたことのないルートを踏破できるだろうか。

誰もやっていないことをやるというのは、実験的である。

極地を歩いた効果を、私の身体や頭脳に確かな験《しるし》として修め続けてきた。

「険」の字は、状況を説明するだけの言葉だ。危険である、険しい、ということ。

「検」の字は、しらべる、探るという行為を説明するだけの言葉。

冒険や探検は、近視眼的な言葉であると感じる。行為の目的が述べられる言葉だ。危険を冒すための行為。未知を探るための行為。何のための行為であるかという、目的論に根ざした語義が言葉に内包されており、人為的な営為の外側には出ていけないような、壁の存在を感じる。

私が北極を歩くのは、何のためなのか？

北極を歩いたらどうなるのか、何のために冒険するのか、これまで何度も聞かれてきた。その質問は、行為の果てに辿り着く未来の一点の姿を、事前的に教えてくれ、ということだ。そんなものは、私にも分かるはずがない。

何かのためという、人為的な理由に縛られないからこそ、人為を超えた未来に到達できると信じている。予測不能だからこそ、面白い。

第三の言葉として登場した「験」には、ためすことという過程、そしてその結果であるしるし、行為全体を包含した広い意味を感じる。

自然を前にして、身体全てで感得してきた「験」を次の世代に繋ぐこと。それが、人類をはじめとして生命全てが何億年も続けてきたことだ。より俯瞰的で、壮大なロマンを感じる。

第三の言葉で行為を考えることで、既存のイメージに誘導されることなく、新鮮な眼差しで行為を眺めなおすことができるはずだ。

そもそも、私たちの行為には社会性はない。要は、意味のないことをやっている。遊びとも言い換えられる。

しかし、個人的な行為がやがて社会に対して影響を及ぼすのは、ツヴァイクの言葉によって端的に述べられている通りであり、ツヴァイクの語る一文を漢字一文字で表したものが「験」なのである。

城壁の内側で生きる人々に対し、固着した価値観に新たな視座を与える「語ることのできる物語」を伝えることが、冒険者のひとつの役割であるはずだ。であるならば、冒険者自身が既存の言葉に囚われて、固着した価値観の内側に閉じ込められてはいけない。

では、この「験」に、どんな言葉を組み合わせて熟語にするか。

それは、目下の課題である。私にとっては、実験や体験、経験のほうが、冒険や探検よりもはるかに接近したメンタリティを言い表しているのだが、本書では通常の冒険という言葉を使い続ける。が、その言葉を使う私の本意は「駚」である。

私にとって、冒険の本質は駚を重ねていくこと。そして、自らの駚が厚みを持ったと感じたところで、世代を跨いで繋いでいくこと。

それを体現する行為として、若者たちを率いて北極を歩くという計画に至った。

本を書くこともまた、まさに駚の継承だ。北極に出会い、冒険人生を歩き始めた若い頃から、古今東西の探検記を読んできた。本の中から、過去の探検家や冒険家たちが経験してきたことを、自分の冒険の血肉となるように読み解いてきた。時代を経た、ただのいち読者以上の読み手として、かつての探検家たちの苦労を自分の活動に重ねていた。その行為は、彼らが身体を通して重ねてきた駚を、私の内側に取り込む作業だった。

もしかしたら、私がいま書き残したものを、百年後の誰かが読んでいるかもしれない。百年前の冒険家は何を考え、何に悩み、その時代の極地冒険とはどんな時代性だったのかを私の本から読み解こうとする、百年後の若者がいるかもしれない。

本を書くことで、私の駚は繋がっていく。そして、私が若者たちを北極に導いていくことも、私の駚が継承されていく行為になる。

冒険をすることは、生きることであり、生きることは、験を繋いでいくことである。

つまり、この世を生きる全ての人が冒険をしているし、その冒険とは「験」のことを言っている。

最初の参加希望者

南極から帰ってきた翌月、ＮＨＫの生放送のラジオ番組のゲストに呼ばれ、出演した。

南極点の遠征を中心に三十分ほど話をした最後、来年は若者たちを連れて北極を歩こうと思っている、という計画を話した。

それを偶然聞いていたのが、最初に参加希望の連絡をしてきた諏訪順也だった。

当時二十三歳の諏訪は、大学を卒業して就職。営業職に就く社会人一年目。その日は会社の営業車を運転していた。

諏訪はＮＨＫラジオを聴く習慣はなかったが、前にその車両に乗った会社の人がＮＨＫラジオに設定していたのをそのまま聴いていたという。車を運転しながら、特に何も思わずに私の出演する放送を聴いていたところ、なぜか話に引き込まれ、そのあと私のホームページを経由してメールを送ってきた。

〈南極点無補給単独徒歩達成おめでとうございます。

どちらからご連絡を取ればいいのか分からなかったので、こちらのフォームからご連絡させて頂きます。

先日、ＮＨＫラジオで北極の話、南極点無補給単独徒歩のチャレンジのお話等、たいへん興味深く聞かせて頂きました。

その中で、「来年若い人たちを連れて北極に行ってみようと思っている。」ということをおっしゃっていて、私も参加したいと思いご連絡させて頂きました。〉

諏訪からのメールは、最後に自分の連絡先を記載して締められていた。メールを受け取った十日後、新宿で諏訪と初めて会った。

彼は就職して一年ほど経っており、仕事がつまらないわけではないが、面白いと思えるわけでもないと語った。自分の人生が何となく過ぎ去っていくような状況に対して、このままで良いのかという疑問を感じているようだった。北極に行って何があるか分からないが、とにかく動いてみたいという主体的な姿勢を感じた。アウトドア経験はあるかと尋ねると、何の経験もないという答えだった。

彼の気持ちは私にもよく分かった。彼が語った言葉は、二十年前に大場さんに宛てた手紙に記した私の言葉とほとんど同じだ。不満がない現状でありながら、不満がないことへの不満。満たされていることのありがたさは感じているが、満たされていることで何かを喪失していることへの疑問。得てしまっている事実は、獲得するという機会と体験を喪失させる。私も二十年前、差し出されてもいない大場さんの手を、自分から握りに行った。いま諏訪は、私の手を握りに来ていると感じた。

彼と会ったことで、自分のやり方は間違っていないことを確信した。

これから続々と、諏訪のような若者が私の目の前に現れるであろうことが、容易に想像できた。

参加希望者、それぞれの理由

次に出会ったのが、後にチームのリーダー格となっていく西郷琢也だった。

諏訪と新宿で会ってから一ヶ月ほど過ぎた四月中旬。私はとある企業の社内向けの講演会に講師として呼ばれた。

そこは、東京の晴海に本社を置く物流会社。広いオフィスの一角に椅子が並べられ、社員六十名ほどが私の話を聴いていた。南極での経験や、北極に赴くようになった大場さんとの出会い、極地での失敗談などを語り、最後に次の計画として来年は素人の若者たちを連れて北極を歩きたい、ということを話して講演会を締めた。

九十分ほどの講演を終え、控室に戻るためエレベーターを待っていた私の元に、一人の若い社員が走ってやってきた。

それが西郷だった。

慌てた様子で駆け寄る彼は、私を呼び止めると「すいません！　荻田さん、あの、これ！」と言いながら、コピー用紙を四つ折りにしたものを差し出してきた。まるで、高校生が好きな女の子に、決死の想いでラブレターを差し出すかのような状況だ。その紙を受け取り開いてみると、そこにはボールペンで走り書きするように「僕も連れて行ってください」と書かれ、メールアドレスと携帯電話の番号も記されていた。

一瞥して真意を悟り、私は西郷に「連絡するよ」と言い残してエレベーターに乗った。

二日後に西郷にメールを送った。もし本当に行く気があるのであれば、改めて会いましょうと伝えると、彼から返信があった。

〈ご連絡頂き、ありがとうございます。

また先日はご講演ありがとうございました、そして、いきなり失礼しました。

荻田様の話にとても共感し、また自分がいまくすぶっているのがもどかしくて、いても立ってもいられませんでした。講演を聴きながら、今日荻田様に手紙を渡さなかったら僕の人生はいつまでたっても変えられないと思い、手紙を書きました。一言しか思いつきませんでしたが、どうしても今伝えたいと思ってあの一言しか思いつきませんでした。〉

彼は社会人二年目の営業職。物流会社の営業がどんな仕事をするのか、私にはよく分からなかったが、どうも彼は仕事に行き詰まって悩んでいたようだ。

西郷が担当する取引先から、担当を外れて欲しいという話をされて落ち込み、会社を辞めようとまで考えていた。その悩みを素直に上司に相談した時に「自分自身をできる人間だと思い込み、認めてもらえないことを他人のせいにして何になる。自分自身を見つめ直す機会を持たないまま、ひとりよがりの考え方でいま会社をやめて他に行っても成功しないぞ」という辛辣なアドバイスをもらったという。

そんな悩みを抱えている時に、偶然私の講演が会社で催された。自分を見つめ直すきっかけを探して切羽詰まっていた西郷は、私が語った次回の北極行に対し、天啓を受けたかのように「自分も行かねば」と思ったらしい。

西郷は、最初は私の講演にはまったく興味がなかったという。片付けなければいけない仕事に追われ、そんな冒険家の話を九十分も聞くよりも、メールの一件でも返したいという気持ちだったらしい。しかし、社内講演会なので参加しないわけにもいかず、渋々席について話を聞いていた。私の冒険談の部分は、ほとんど聞き流していたそうだが、最後に「来年は若者たちと北極を歩く」という話を聞いた瞬間、自分はここに参加しなければいけない、という想いに駆られたという。とりあえず手元にあったコピー用紙にボールペンで最低限の思いを綴ると、私の姿が消える前に走ってエレベーター前まで追いかけ、ラブレターを手渡す男子高校生よろしく想いを伝えたのだ。

西郷に会った一週間後、私は札幌で南極点遠征の報告会を行っていた。その会場に来ていたのが、最年少の参加者となる、当時北海道大学一年生の池田未歩だ。

元々、極地に関心を強く持っていた池田は、大学で地球惑星科学科に通っていた。いつかは自分も極地に行ってみたいという憧れを抱き、私の南極点遠征をチェックしていたことから、札幌での南極点報告会開催を知って参加した。

報告会の中で、来年の北極行の計画を聞き、自分も行ってみたいという想いを強くした池田は、報告会が終わった後に私のところにやってきて「来年の北極に私も行きたいです!」と直接声をかけてきた。

その瞬間、十九年前に大場さんの講演会を聞きに行きながら、その場で声をかけるほどの勇気を持てなかった自分のことを思い出し、少し恥ずかしくなった。

池田と会った一週間後、次は東京で南極点報告会を行った。

すでに北極行に参加したいと申し出てきている諏訪、西郷の二人には報告会をやることを伝え、会場に呼んでいた。

そこに参加していたのが、愛知県から来たという飯島啓方《ひろみち》だった。飯島はかつて、バックパックを担いで世界一周を行ったこともある旅好きのフリーターだった。私の著作を読み、極地に憧れを持った飯島は、私が南極点遠征を行う前に連絡をしてきていた。彼は、今回の北極行が知らされる前に、私に連絡をしてきていた。彼のメールにはこう書かれていた。

〈荻田さんのＨＰの『なぜ北極に行くのか？　二〇一一年』の荻田さんがやりたいことを拝見しました。近い将来に若者を連れて北極を歩きたいという考えを知りました。よろしければこの企画をやる際は私も連れていって下さい。〉

若者たちを連れて北極を歩く計画は、南極を歩く中で固まったものだったが、私の中にはずっと以前からそのイメージがあった。大場さんがやってくれたように、自分がいずれ若者を連れて北極に行く日が来るだろうと考え、それを端々に書き残していた。

飯島は、それを見逃していなかった。私が南極を歩きながら考えが固まっていくその二ヶ月ほど前に、飯島は私に対して名乗り出ていた。

東京での報告会でも南極での遠征を語り、来年の計画として若者たちと北極に行くという話に移った。

「今日も来年の北極の参加希望者が何人か来てるんですよね。行きたいって人、ステージに上がってきてもらえる？」

私は会場に来ている数人に、そう促した。

諏訪、西郷、飯島の三人がステージにやってきたのだが、もう一人、見たことのない奴が四人目としてステージに上がってきた。眼鏡をかけた細身の若い男だ。

「あれ？　君、誰だっけ？」

そう尋ねると「あ、僕も行きたいです」とあっさり答える。「あ、そうなの？　彼も行くんだって！」という具合にメンバーになったのが、小倉秀史だった。

小倉は当時二十二歳。この報告会の四ヶ月ほど前、私が南極点に到達した頃、彼は日本の調査捕鯨船に仕事を得て、南極近くの海で鯨を捕っていたという。捕獲した鯨を、船底で解体するのが彼の役目だったらしい。

ある日、鯨の解体作業中に小倉は手に怪我をした。刃物でザックリ手を切り、その怪我の処置のために医務室に行くと、そこであるニュースを目にした。毎日、船の通信士が日々の出来事をまとめた新聞のようなものを発行するのだが、そこに書かれていたのが、私の日本人初の南極点無補給単独徒歩到達のニュースだったという。

それを見た小倉は、自分がいる南極近くの海のもっと先で、日本人がそんなことをやっているのかと、初めて私の存在を知った。興味を持った小倉は、捕鯨の仕事から帰国して間もなく開催された東京の報告会に参加していた。

その場で来年の北極計画を聞き、迷うことなく自分も参加しますとステージに上がってきたのだった。

ステージには上がってこなかったが、その報告会に参加していたのが、池田に続く女性メンバーの松永いさぎだった。

松永は以前から私の著書を読んでおり、興味を持って報告会に参加していたという。その日の報告会場で北極の計画を知り、自分も参加したいと報告会の最後に直接申し出てきた。

東京藝術大学に通う松永は、日本画を専攻する美大生。集まってきたメンバーの中でも体格は最も小柄で、体力も乏しかった。どこかのタイミングで私は彼女に「中学と高校は部活は何部だったの？」と尋ねると「美術部です」という答えだった。だよなぁと笑った。

アウトドア経験どころか、運動部経験もない。松永は体力は確かに乏しかったが、北極の現場で精神的な強さを最も感じさせたのが松永だった。一言も弱音を吐かず、休憩の度にソリに倒れ込むように休む様子を見せるが、それでも黙々とソリを引き続けた。何か、青白い炎のようなものが心の奥底で燃えていることを感じさせた。

東京での報告会の翌月、五月には私の生まれ故郷の神奈川県愛川町のホールで、南極点到達の講演会が催された。

日本人初の南極点無補給単独徒歩到達という、NHKのトップニュースで報じられるほどの話題は、田舎町にとっては一大事だったようだ。私のために「愛川町町民栄誉賞」という賞が創設され、その第一号としての記念講演だった。

六五〇席ほどの愛川町文化会館ホールは満席、立見も出てホールに入りきらない人がロビーに溢れ、急遽設置されたテレビで講演を見るほどの盛況ぶりだった。

その会場に来ていたのが、大学生の安藤優汰だった。

法政大学に通う安藤が所属するゼミの教授が、南極観測隊に何度も参加する研究者でありながら、山岳部出身のバリバリの山男だった。

ゼミでは探検と冒険をテーマに、学生たちに対して学問と野外活動の探究を教えており、安藤もそこに所属していた。その中で、教授から私のことを教えられ、興味を持った安藤はわざわざ公共交通手段の乏しい愛川町までやってきていた。

講演の最後で、例によって来年の北極計画を語ると、講演後のロビーで安藤は私の元にやってきて、来年の北極冒険に参加したいと申し出てきた。

六月になり連絡をしてきたのが、群馬県の小菅史人だった。彼は三月に大学を中退し、吉野家で深夜のアルバイトをこなすフリーターだった。私のことは以前からテレビ番組などを通して知っており、あるラジオ番組の中で私が来年の北極行について語っているのを聴き、メールを送ってきた。彼のメールはこう締められていた。

〈北極という自分にとって未知の世界に行くことで新しい自分を発見し、今後の人生の道しるべが見つかればと思います。〉

彼のメールを読んで、その気持ちはよく分かる、と思った。かつて同じような境遇にいた私は、小菅の気持ちが理解できた。

自分探し

「自分探し」という言葉がある。

若い頃は、本当の自分というものがどこかにあるはずだと思いがちだ。納得がいかない現状に対して、今の自分は「偽物」なのだという想いがある。環境を変えれば、考え方を変えれば、仕事を変えれば、何かを変えていけば本当の自分になれるのではないかと思う。

しかし、ある程度人生を歩んでいくと、本当の自分なんてないことに気付く。

いや、悩んでいる自分も自分であり、欠落感を抱える自分も満たされない自分も、怒りを抱える自分も全て本当の自分だ。

自分探しをやっている「私」とは、皮膚から内側の閉ざされた存在としての自分だと捉えている。しかし、自分につながるあらゆる関係性の中に「私」は生きていることを知った時、私という存在も拡張され、どこかに固定化された特定の私という存在への疑問が湧いてくる。

自分の体を作るのは食べ物であり、その食べ物を育む大地であり、大地を潤す雨である。食べ物を作る人がいて、私の口に運ばれるまでに何人もの手を介している。どこからどこまでが「私」なのだろうかと考えていくと、探して見つかる自分などなんと概念的であり、捉えどころのない不確定なものなのかと思えてくる。

思い返せば、私も北極に行く以前、自分の状況に悩んでいた。自分の中に確かに抱えているエネルギーの使い道が分からず、俺には何かできるはずだという根拠のない自信だけを持ちながら、結局何もできずにいる自分自身に納得がいかなかった。走り出したいのに、その方向性も走り方も分からない、そんな時、偶然テレビの中で語る大場さんを見た。

あの時の自分は、ある意味で「北極に自分を変えてもらおう」と思っていた。北極という非日常の世界に行って、未知の体験をすれば、きっとこれまで気付かなかった自分の一面を知り、北極以降の世界はまったく違ったものになるのではないか、そんな期待感を持っていた。

二〇〇〇年の北磁極行は、私にとって初めての海外旅行だった。アウトドア経験もまったくなかった。北極に行くために初めてパスポートを取得し、恥ずかしながらそれ以前は飛行機にすら乗ったことがなかった。

人は、初めての海外旅行で北極なんて行動力がありますね、と言ってくる。

いや、私は本当は行動力が乏しかっただけなのだ。行動力がないから、大場さんに、北極へ連れて行ってもらっただけだ。行動力が伴った人であれば、大場さんに出会う前に自分で動き出しているだろう。

しかし、私にはそこまでの行動力がなく、自分の力の使い道を求めながら機会を待っていた。

初めての北極は確かに刺激的だった。しかし、北極が私を変えてくれたかというと、そんなことはなかった。三十五日かけて七〇〇km先の北磁極まで行ったが、旅を終えて戻ってきた日本には、見知ったそれまでの日常があった。大学も辞めており、特にやるべきこともない。アルバイトを再開し、日々を送っているうちに北極に行く以前と何一つやっていることに変わりがないことに気がついた。

そんな時、無性に北極での日々が懐かしくなり、再びやるべきことを見失った自分自身に嫌気が差してきた。

「次は自分で動き出さないと何も変わらない」

そう考え、もう一度北極へ行こうと決めた。

北極に魅せられてしまったから、というわけでもなく、現実は他に一人で行ける場所がなかっただけだ。一度行った場所であれば一人で行けるだろう。何より、とにかくもう一度動き出さなければ、このまま動かずにじっとしていたら自分が腐っていくような感覚があった。

こうして、二〇〇一年に二度目となる北極の旅へ出た。前年に大場さんに率いられ歩いた、北磁極までの七〇〇kmを今度は一人で歩いてみよう、そう考えていた。

しかし、結果的には出発地となるレゾリュートの村から動けず、そこで一ヶ月滞在して帰国することになった。

この時は「一人で北磁極へ」と計画を立ててはいたものの、日本を出発する以前から「どうせ行ったところで北磁極まで歩くことは無理だろう」と明確に分かっていた。だからと言って日本でじっとしている訳にもいかなかった。とにかく動き出す必要があった。

この二〇〇一年の北極への一人旅が、能動的で主体的な旅を行うようになった第一歩だった。北極という環境に自分自身を変えてもらおうと思っていた最初の北極行から、自ら変化を起こしに行った二度目の北極行になった。

初めての顔合わせ

次に連絡をしてきたのが、大学を中退してフリーター生活の大和田篤と、編集プロダクションに勤める市川貴啓だった。二人は、私が登壇したあるトークイベントに共に聞きにきており、やはりその場で私が来年の計画を話したことで後日参加希望の連絡をしてきた。

大和田からのメール

〈私自身、昔から歩くのが好きで、意味もなく四〇マイルウォーキングや毎日相当な距離を歩きながら、見たことのない景色やワクワクすることがないか探し回っていました。
その際に、たまたまyoutubeでクレイジージャーニーを見た時に、北極ですごいことをやってる冒険家の荻田さんの存在を知り、自分も歩くことでなにか挑戦してみたいと思いました。〉

市川のメールには、こんな一節があった。

〈これまでの私の人生は、「自分の知らない世界に触れたい」というのを基本の行動原理にしてはいるものの、色々な言い訳をしながら、やりたいと思うことを後回しにしてきたように思います。「自分はスペシャルなんだ」という思いをいまだに少し持ちながら、「二十七歳になっても何もできてない」自分に正直失望しています。〉

二人共、二十代のエネルギーを持て余していながら、その使い道に悩んでいる様子が垣間見られた。

六月下旬からは、その時点で参加表明しているメンバーを集め、都内で月に一度の顔合わせを行なった。

まずはそれぞれ自己紹介を行い、同じ時間を共有することが目的だ。

私から北極の状況を教え、どのようなスタイルで歩くか、考えられるリスクなどを伝えた。月に一度のミーティングへの参加は自由。参加したくなければ、いつでもやめて良い。開催の連絡はするが強制はしない。遠方に住んでいれば、オンラインで繋いでの参加も可能にしていた。

北極への旅は翌年三月下旬からの実施となる。行き先はカナダ北極圏であるが、具体的なルートについてはまだこの時点では選定中だった。ルートの難易度、費用面、ルート自体の魅力、それらを考慮して、いくつかの候補が私の中にはあった。衛星写真を見て海氷状況を探り、潜在的なリスクを調べ、現実的に実施可能なルートを決めなくてはならない。

今回の北極行については、私自身も初めて歩くルートに行くことにしていた。私自身が楽しみながら歩きたい。まだ行っていないが、行きたいと思っていたルートを中心に考えた。

月に一度集まりながら、お互いの関係性を作っていく

初顔合わせの後に参加してきたのが、名古屋市で物流会社に勤める会社員の花岡凌だった。

今回の参加メンバーの中で、唯一と言っていいくらいに多少のアウトドア経験があった。しかしそれも「多少の」という言葉がつく程度だ。

初めて私が花岡と会ったのは東京駅だった。彼は一人でニュージーランドへのトレッキング旅行に出かけており、帰国して名古屋に帰る途中で待ち合わせて会うことにした。

「北極に行くとなると、最低でも一ヶ月半くらいは帰って来れないけど、会社はどうするの？」

そう聞く私に彼はこう答えた。

「とりあえず会社には話をしてみますが、辞めてでも行こうと思っています」

花岡は言葉の通り、会社に一ヶ月半の休暇を認めてもらいたいと話をした。

直属の上司や同僚たちは応援してくれたというが、会社の経営幹部が「前例がない」「他の社員が同じことを言い出したら断れない」という理由で長期休暇が許可されず、会社を退職して参加することとなった。

話が前後するが、二番目に参加表明をしてきた、東京で物流会社に勤める西郷琢也だが、彼は会社が一ヶ月半の特別休暇を認めて参加してきた。元々、私がその会社で社員向けに講演を行なった縁で西郷は参加してきていた。後に、西郷の勤める会社の会長はこう語っていた。

「入社二年目の社員が一人、一ヶ月半いなくなって会社が困るようなことがあったとしたら、それは社員の責任ではなく、経営者の責任、つまり私の責任ですよ」

最後の参加希望者

少し時を置いて、最後に参加してきたのが北海道の大学生、三浦善貴だった。

十月に札幌で開催されたイベントに私が登壇した際、三浦はイベントの運営スタッフを務めていた。

イベントの中で私が来年の北極行について話をしたところ、それを聞いていた三浦は私のところにやってきて話しかけてきた。

「荻田さん、僕も来年の北極に参加したいんですが、今からでも可能ですか？」

実はこの時、私はこれ以上メンバーを増やしたくはなかった。三浦で十二番目のメンバーとなったが、それ以外にも六名ほどが毎月のミーティングに参加していた。実際に北極に行くか、悩んでいるメンバーもいたので、来年の出発までには人数は減っていくと思われた。それでも多すぎるという意識があった私は、三浦の答えにややはぐらかして答えた。

「まあ、ダメじゃないんだけど、まあ、そうだねぇ、興味あるなら毎月ミーティングやってるから参加してみれば？」

北海道に住む三浦なので、オンラインで参加しても良いよと伝えたのだが、彼は次回のミーティングのために格安の飛行機チケットを取り、わざわざ東京までやってきた。

普段は居酒屋でアルバイトをしているそうだが、少ない小遣いの中から飛行機に乗ってまで東京に来た姿に私は驚いた。

三浦が参加した十一月のミーティングからは、出発に向けて話し合いも本格的になっていた。遠征中の現場での役割分担を決める中で、初めて参加した三浦もずいぶん前から参加しているかのように、役割に名前を入れていった。

三浦が私に対して参加希望を伝え、ミーティングに初参加したその少し前、私はウェブサイトから一件のメールを受け取っていた。

それは都内の国立大学に通う大学生からだった。内容を要約すると以下のようなものだった。

「私は以前から北極に関して興味があり、学校でも学んでいました。来年の北極の計画をブログで知り、ぜひ参加したいと思い募集が始まるのを待っていましたが、残念ながら、すでにメンバーが確定してしまっていることを先ほど知りました。募集中止と知っても諦められません。このような企画がまたあれば参加したいのですが、その可能性はありますか？」

はて、募集中止など私は一言も書いたことがない。

というか、募集をかけていないのだから、募集が始まったこともなければ、中止する募集自体が存在していない。

メンバーが確定したなどと書いたこともない。毎月のミーティングの様子は、ブログや

SNSを通じて報告していたが、その中にある文言を勝手に解釈したのだろう。もちろん、この先にまた同じような計画があるかどうか、現時点ではまったく未定だ。残念ながら、と自分で諦めてしまっている。もしここで、一言でも「まだ参加できる可能性はありますか」「どうしても参加したいのですが」などと書いてあれば、三浦に返したように、積極的にメンバーを増やしたくはない気持ちはありつつ、嘘は言いたくないので「可能性はありますよ。ミーティングに来たらどうですか」と答えられる。ところが、私がそう答えるための可能性を「残念ながら」という言葉で、自分で閉じてしまっている。

その彼とは、縁もなく会うことなく、メールのやりとりだけで終了した。

撮影スタッフの存在

こうして十二名の参加メンバーが集まった。男性十名、女性二名。十九歳から二十八歳までの、平均年齢二十三歳のチームとなった。メンバー全員が、揃ってアウトドア経験などほとんど持たない素人集団。キャンプ経験も、スキー経験もほとんどない。

そしてもう一人、私が声をかけて参加してもらったメンバーがいた。それが、写真家の柏倉陽介だった。

今回の北極行では、専属で撮影ができるメンバーを入れたいと思っていた。

私が大場さんの北磁極行に参加した時は、ＮＨＫの取材班が同行しており、冒険の模様は後日ＮＨＫスペシャルで一本の番組として放送された。

旅の記憶は時間が経つにつれて薄くなってしまう。やはり、写真や映像など何かしらの形にまとめておきたい。それが、参加した若者たちのためにもなり、彼らが北極で何を思ったのか、日本で待つ人たちへの報告にもなるはずだ。

柏倉とは、以前からの知人であったが、あくまで「知人」くらいの関係性だった。会った回数は二、三度ほど。それも共に挨拶して立ち話をした程度だった。

それでも、私の中では柏倉に撮影を頼みたい気持ちがあった。それは理屈ではない、人間的な好印象であったり、写真家としての確かな腕、野外生活への慣れといった、全体的な雰囲気だった。

単純に「彼なら任せられるな」と私には直感があった。

彼は私よりも年齢は一つ下なので、若者たちとは十歳以上、最年少の池田とは二十歳以上の歳の差があるが、柏倉は若者たちの良い兄貴分になるだろうという信頼感を持っていた。

柏倉には、私と若者たちとの仲介者を期待していた。

これから先、若者たちにとって、私の存在は絶対的なものになるはずだ。私の一言が答えとなり、私の行動一つが隊全体に大きな影響を及ぼすことになる。なんの経験も持たない若者たちが私の言葉に反論する余地もなく、気軽に疑問を持つことも許されない雰囲気となるかもしれない。

そんな時、私と若者たちだけの二者の関係性では、距離が遠すぎるのだ。

私自身、まったくど素人の若者の一人として、大場さんの北磁極行に参加した時もそうだった。経験豊富な大場さんの言葉とは、私たち未経験の若者にとって即ち「答え」であり、それは絶対的なものだった。

その構図があるからこそ、隊はそれを率いる大場さんであり、今回であれば私の意のままに動くことになる。

それが若者たちの命を守ることにもつながるのだが、弊害もある。若者たちが何も考えず、私が語る「答え」に従い、ただ私の後ろを追従するだけの旅にもなりかねない。絶対的な存在は必要だが、若者たちの主体性も大事にしたい。

私の存在は、若者たちにとって絶対的な存在であり、言ってみれば、神のようなものだ。私と若者たちの関係が遠くなってしまうことで、神と人間のような関係性になってしまう。神の言葉には、表面的には見えない真意が潜んでいるものだが、人間たちにはその真意が見えず、聞こえてくる音だけを捉えて神のご機嫌を損なわないよう、怯えながら言葉を拾おうとしてしまう。

そんな時、神と人間の仲介役となる第三者的な預言者が必要になる。神の言葉を預かり、人間の言葉に翻訳して伝えるのが預言者の役割だ。

私が柏倉に期待した役割が、その預言者的な立ち回りだった。

私と同世代であり、大学では探検部に所属し、野外経験も豊富な柏倉であれば、若者たちが気付かない私の真意を容易に察することができるはずだ。

また、柏倉自身も北極が初めてであることも重要だ。仮に柏倉も北極経験が豊富であれば、若者たちから見れば神が二人になってしまう。柏倉のスタンスとして「いや、俺も北極のことは分からないけど、荻田さんがそう言っているからみんなもこう考えた方がいいんじゃないか」という言葉の発し方が必要なのだ。

もう一つ、写真家としての柏倉の存在にも期待した。これまで私もテレビ番組をはじめとした取材をいくつも受けてきた経験から、カメラを介して人間を見る習慣を持つ人たちの洞察力に驚かされる場面が何度もあった。カメラを通して人間を見る時、どうやら生の眼で対象を見つめる時よりも、相手の人間性や状況がより明確に見えてくるようである。

私が柏倉に期待した、預言者的な役割は的中する。

北極を歩く途中、神たる私の激烈な怒りが発動せざるを得ない場面があったのだが、その場面で柏倉は預言者として、私の言葉をうまく翻訳して若者たちに伝えてくれた。何があったのかは、これから詳しく語っていこう。

ルート決定の方法

二〇一八年十二月。メンバーが固まってきた頃に、私たちが目指すルートが決定した。

私が最終的に、どのようにルートを選定していったか。若者たちを率いて歩くため、重要視した基準がいくつかある。

まず第一に、ルートの難易度だ。

素人の若者たちを連れていくので、難易度が高いルートは当然避ける必要がある。とは言え、安全すぎても面白くはない。極地冒険における難易度とは、ルートの距離、足元の海氷状況、気象条件などに依ってくる。

長すぎず、短すぎず、適度な距離を設定しながら、難易度がそれほど高くないルートを探した。極地冒険のフィールドには、クライミングのようなグレードがあるわけでもなく、客観的な難易度を測る基準は存在しない。私のこれまでの経験から、現場の海氷状況などを想像して難易度を考えていく必要がある。

私が初めての北磁極行に参加した時、三十五日で七〇〇km弱の遠征だった。今回はそれを超えないくらいの、一ヶ月くらいで踏破できるルートを探した。一日平均で二〇kmほどを歩くと考えると、六〇〇kmのルートだ。

ルート選定のための第二の基準は、日本から現地までのアクセスが整っていること。総勢十四名が日本から往復するため、人間だけでなく物資の輸送にも気を使う必要がある。

北極圏の奥深く、北へ行くほど航空機の路線は小さくなり、同時に費用もかさむ。また、アクセスが整っているということは、イヌイットの住む村を起点に行動できるということでもある。どの村にも必ず航空機の路線が存在するので、事前に物資を送っておくこともできる。

これは、ルートの難易度とも関わってくるのだが、村を起点に歩くことで緊急事態には村からの救助を要請しやすくなる。カナダのイヌイットたちが、スノーモービルでアザラシやカリブーなどの狩猟に出る時、村から半径二〇〇㎞がおおよその行動範囲になる。つまり、いずれかの村からも二〇〇㎞以上離れないようなルートが設定できると、緊急事態の際に村からの救助などがスムーズに行える。

第三の基準は、私自身が初めて歩くルートであること。せっかく行くのだから、私も初めて歩く場所を体験したかった。

最後に、ルートとして魅力的であること。

土地には引力がある。ここに行ってみたい、そう思わせるような魅力が欲しかった。私もこれまで、北極のあちこちを歩いているが、ルートの魅力は一歩を進ませるための大きな動機になるものだ。

それらの基準で地図を見ていく。私がこれまで旅した地域として、カナダ北極圏とグリーンランドがまず候補になる。

よく、アラスカは行かないのか？と尋ねられるが、実は私はアラスカに行ったことは一度もない。海氷上を歩く極地冒険をするには、アラスカではできることが極めて少ない。グリーンランドでも海氷上の冒険は可能だが、昨今では温暖化の影響が大きく、グリーンランド極北部まで行かないと、長距離の冒険実行は難しい。そうなると、アクセスはより困難になり、費用も高くなってしまう問題がある。

自ずと、ルート選定はカナダ北極圏の一択になる。私が出した結論は、カナダ最大の島であるバフィン島だった。

バフィン島にはイヌイットの村が点在しており、その中でも北極圏への玄関口となる、ヌナブト準州の州都イカルイットの存在が大きい。

イカルイットは、七〇〇〇人ほどが住む、この地域の中では大きな街であり、カナダの首都オタワから直行便のジェット機が毎日往復する。宿泊施設や商業施設も充実しているので、冒険の準備を行うには最適の場所だった。冬の間、氷点下三〇度を平均的に記録するイカルイットでは、街が面するフロビッシャー湾は完全に結氷するので、冒険の実地訓練にもちょうど良い。

イカルイットで冒険の最終準備を行い、飛行機で一時間ほど北へ飛んだ、同じバフィン島にある村パングニタングを冒険のスタート地点に決めた。（巻頭の地図参照）

パングニタングの村に面する、南北に細長い湾を北上して上陸すると、バフィン島のオーユイタック国立公園に入る。

国立公園内を北上し、再び海に出てスタートから二〇〇kmほど歩いたところに、キキクタルジュアクの村がある。

ここまでは、フィヨルド内の平坦な海氷と、国立公園内の島越えが主なルートとなる。

キキクタルジュアクからは、バフィン島北岸の海岸線に沿うように、海氷上を北西に進む。四〇〇kmほど歩いたクライドリバーの村を最終ゴールと決めた。

三つの村を繋いで歩く、総距離六〇〇kmのルートだ。前半の二〇〇kmは島越え、後半の四〇〇㎞は海氷上をゆく、一ヶ月ほどの旅になるはずだ。

前半二〇〇㎞を島越えで通過するオーユイタック国立公園は、私も前から行ってみたいと思っていた場所だった。

一万年ほど前の氷河期の終わりまで、北米大陸を覆い尽くすような大氷床が存在した。その頃、バフィン島は分厚い氷の下に沈んでおり、山々は氷河で削られた。この地域は、多くの氷河、氷床、フィヨルド、急峻な断崖絶壁が美しい場所として知られている。そんな大岩壁を目指して、世界中から先鋭的なクライマーが集まってくる場所でもある。以前から、私もいつかは行ってみたいと思っていながら、冒険的な難易度としてはそれほど高くないルートのため、次第に私個人の挑戦的なルート設定からは外れていった場所でもあった。

ルート全体を通して、リスクも高く特に注意が必要なのは、後半の海氷上四〇〇㎞である。この海域にはホッキョクグマが多く、北極圏全体で有数の生息数である。

海氷には最大の注意を払う必要がある。俯瞰の地図で見た時に、バフィン島とグリーンランドに挟まれたバフィン湾は、海流の動きが激しい海である。バフィン島の沿岸部で結氷する定着氷は、バフィン湾の海流の動きに影響を受ける。

後半四〇〇㎞の中間地点であるホーム湾は春先、海流の大きな力の作用で、海氷が大規模に流出する傾向があった。これは、ルートを選定する中で、人工衛星から海氷を撮影した過去の写真を観察し続けて気付いたことだった。ちょうど我々が歩く時期、バフィン島に密着している海氷が、春に数十㎞四方にわたって島から分断され、沖に流される様子が衛星写真には写っていた。

なぜその現象が起きるのか？　観察を続けていくと、その原因も推測できた。ポイントは、やはりバフィン湾の海流だった。原因までが推測できれば、どのルートを通ればこの海氷流出に巻き込まれずに進むことができるか、その目処も立ってきた。

日本国内に、この海域の海氷について詳しく知る人はいない。私の観察は、衛星写真からの過去のデータ、地形と海流の傾向、そして経験に基づく「推測」に過ぎない。

あとは、四〇〇㎞の海氷上をゆく後半戦に臨む前、現地キキクタルジュアクの村で、イヌイットのハンターたちから情報を収集するつもりでいた。そこで、私の推測が合っているかの答え合わせを行う必要がある。

現場の状況を最も熟知しているのは、その土地に住む人たちだ。村から半径二〇〇㎞の、イヌイットたちの狩猟活動範囲内で旅を行うことの意味は、ここにもある。イヌイットの行動範囲内であれば、ルートの情報を現地で細かく収集することができる。

ルートの情報をイヌイットから聞くだけで終わらせてはいけない。その前に、まず主体的に考えてみることが非常に大切だ。現場の状況を自分で想像し、なぜその想像に至ったかの自分なりの答えを持つ。そして、現場で答え合わせを行う。結果として、なぜ合っていたのか、何が間違っていたのか、それを考える。一連の過程を経て、実際に現場を歩いてみると、体験を通して北極の海氷の動きや気象状況を身体的に吸収することができる。

体験の蓄積という力

衛星写真や天気図などを通して情報を得て、情報を自分なりに解釈し、現場で身体を通して理解していくことが、本当の意味で「知る」ということだ。

この繰り返しが経験となり、地図や衛星写真、天気図から場所ごとの海氷の様子を読むことができるようになる。

私自身、若い頃はそんな力もなかったが、次第に体験が蓄積されていった。その積み重ねを最も感じたのが、二〇一六年にカナダ最北の村グリスフィヨルドから、グリーンランド最北のシオラパルクまでを、単独徒歩で繋いだ時だ。

一〇〇〇㎞近い無人地帯の単独行になるこのルートは、途中でイヌイットの活動範囲からも完全に外れてしまう。

その地域を旅する人はほとんどなく、過去の例もわずかしか記録がない。特に、カナダとグリーンランドの国境にあたる、スミス海峡をどのように超えるかが問題だった。

北極圏全体を見渡しても有数の、海氷が荒れる海域だ。スミス海峡は近年は特に結氷したりしなかったり、結氷しても突然海峡全体の氷が崩壊して流出してしまったりと、非常に渡るのが難しい場所として知られている。

この年、スミス海峡横断を含む、グリーンランドまでの踏破に挑んだ私は、綿密なルート観察を行った。

全体を通して、どの箇所が例年いつ頃結氷し、いつ頃解氷し始めるのか。ポリニアと呼ばれる不凍地域はどこに存在するのか。過去の探検家や冒険家たちが通過したルートを検証し、様々な視点からルートの様子を想像し、頭の中では遠征前に何度もシミュレーションの遠征が終了していた。

そして、実際に四十八日間でシオラパルクまでを歩き切ってみると、予想外の事態が何も起きなかったことを私は感じていた。

「全てを事前に読み切った」という実感があった。

事前に読めてしまうことは、旅を安全にしてくれる一方で、旅が予定調和的に終わっていくような、つまらなさも感じてしまった。

なぜ、冒険家や登山家は、難しい課題を超えると、さらに困難な目標に立ち向かっていくのか。

成長というのは、それまでできなかったことが、できるようになっていくことだ。私個人の感性で話せば、私が喜びを感じるのは、何かを達成した時ではなく、達成できるようになっていく確かな手応えを摑んでいく瞬間だ。達成という、一点の目的に価値を置くのではなく、その目的に対して能動的に歩んでいる、過程の中にいると感じる時により大きな価値を覚える。

成長を続けていくと、できることが増えていく。しかしそれは同時に、できるようになっていく、という過程を歩む機会を喪失させる。言葉を過激に表現すれば、万能の神は成長の喜びを感じることはないのだろう。私から見れば、神とはなんとも不幸な存在だろうか。

私には、カナダ北極圏やグリーンランドの海氷に関して、事前に読む力は十分に得たという実感がある。

素人の若者たちを率いていくのであれば、最低限そこまでの力は身につけておく必要はあるだろう。

事前合宿開催

十二名の若者たちと、撮影担当として柏倉がメンバーに確定した二〇一九年二月。北海道恵庭市にある、牧場と広大な牧草地を擁する「えこりん村」の敷地を貸していただけることになり、九日間の北極事前合宿が行われた。

合宿では道具の使い方、直し方も含めて教えていく

夏には、牛や羊がのんびり草を食んでいる広大な敷地が雪に覆われると、そこは夜間に氷点下二〇度を記録する擬似北極となる。

ソリを引いて歩いたり、寒冷地での宿泊や生活の訓練地としては最適の場所だった。敷地内にある、空き家になっている一軒家をお借りして我々のベースキャンプとした。

日中の歩行トレーニングやテント設営の訓練、夜間のテント宿泊は屋外で行い、食事や休憩、座学や装備の準備に一軒家を利用して使い分けた。

メンバーたちは全員揃ってアウトドア経験はない。テントや寝袋を使ったこともなければ、スキーを履いたことのないメンバーも多くいた。合宿では、北極で使用する装備を用意し、一つずつその使い方や壊れた時の直し方を基礎から教えていった。

合宿中の毎晩の就寝はテントと寝袋である。人生初の寝袋泊で、氷点下二〇度近くにまで下がる中でメンバーたちは朝を迎える。初日の夜には「朝になったら死んでたらどうしよう」と、冗談まじりに神妙な面持ちでテントに向かっていった若者たちだったが、一晩明けた感想を聞くと「思ったよりも寒くなく寝れました」と言う。

こうやって、まったくの未経験で想像ばかりが先行する彼らに、寒冷地での生活や行動を体験させていった。

この合宿まで、毎月一度のペースで顔合わせをしてきたメンバーたちであるが、メンバー同士の距離を接近させていくことも大きな目的だった。

合宿中の九日間、毎日の食事もみんなで作る。近くのスーパーに食材を買い出しに行き、メンバー全員分の食事を協力して作る。また、北海道内に住む私の友人たちからたくさんの差し入れをいただき、冒険の合宿であるにもかかわらず、米やら肉やら酒やら、かなり豪華な食材が集まった。北極冒険のための合宿と聞くと、ストイックなキャンプ生活を想像するかもしれないが、差し入れでいただいた酒を消費するという大義名分のもと、毎夜酒盛りが続く楽しい合宿生活だった。

九日間の合宿は、十二名のメンバーたちがそれぞれの個性を理解する大きなきっかけとなった。

この合宿の中で、二番目に参加表明をしてきた物流会社勤務の西郷琢也が、メンバーたちの中でリーダー的な動きを発揮し、私も彼をリーダーとして扱うようになった。特に私から西郷をリーダーとして指名したわけではなく、彼がそう振る舞い、周囲がそれを容認している様子を見て、私もそのように行動をした。

具体的には、若者たち全員に何かの連絡をする時に、西郷に代表してその要件を伝え「みんなに伝えておいてね」と言う。若者たちからの意見や質問があると、代表して西郷から私に問いかけがあり、それに答える。そのようなことを繰り返すうちに、自然と西郷がリーダーの役割に収まっていった。

主体性を込めたソリ

この合宿期間中に、北極で使うソリ十四台が届けられた。

極地での徒歩行では、食料やキャンプ道具などの物資をボート型のソリに搭載し、一人一台、自力で引きながら進む。今回であれば各々が四〇～五〇㎏ほどの物資を積むことになる。

北極での足元は雪面とはいえ、場所によっては硬い海氷が露出していたり、島越えでは露岩に直接ソリが衝突する場所もある。

重いソリが岩や氷と衝突することで破損のおそれもある。ソリの破損は、物資の運搬が不能になるという致命的な事態を招くため、ソリの強度は非常に重要だ。強度を増せば重量も比例して増すものだが、自力での徒歩行では重量は極力軽くしたい。

以前から私が北極で使っていたソリは、ノルウェーの会社が製作している極地冒険用のソリだった。

繊維系の素材と樹脂などを積層したFRP（繊維強化プラスチック）で作られ、軽く強度も保たれた良いソリだった。が、良いソリだからとそれをただ金を出して使っていることに、ずっと釈然としないものを私は感じていた。

道具とは、人間の身体性を拡張させるものだ。

手では切れないものを、ナイフで切る。衣類を作ることで、体毛だけでは不十分な環境にも進出が可能になった。極地で使うソリは、両手では抱え切れない荷物を運搬することが可能になる。道具とは、使用者の身体拡張を通して、向き合う世界をも拡張させるものだ。

人類は長いこと、自分で使う道具は自分で作ってきた。自らを取り巻く環境の中から、身体を通して道具を作り出すという行為は、行為者が対峙する世界との関係性を強固にしてくれる。

しかし、貨幣社会が進むと、自分で手を動かすという手間を、多くの場面で外部委託するようになる。いま、私はラップトップＰＣでこの原稿を書いているが、私はＰＣを作っていない。これは買ったものだ。気がつけば、身に纏っている衣服、移動に使っている自家用車、今夜の夕食の食材までも、全てが外部委託の産物だ。

私が冒険で使う道具の多くは、金で買ったものである。

私の主体的な発案で行う冒険の中で、私と北極の環境の間に媒介するのが「道具」である。道具なしには、極地冒険という身体拡張は果たせない。

北極と深い関係を取り結ぼうと試みる冒険において、外部委託で制作されて金で買ってこられた道具には、私の主体性は込められていない。

命を支えるソリという重要な装備を、良い物だからと金で買って簡単に解決して良いのだろうか。どこの誰が、どうやって作ったかも分からないノルウェー製のソリは確かに優秀ではあるが、やはり自分で使う道具には自分の主体性を込めたい。そう考えていた。

自分で使う装備は極力自分で作りたい。そのような思いから、南極点遠征の前に相談したのが、北海道赤平市で植松電機を経営する、植松努さんだった。

植松電機は、工業用のマグネットを製造販売する、社員三十名ほどの「町工場」でありながら、自費でロケット開発を行う全国的にも知られた会社だった。

「ロケット開発なんて、国や大企業がやること」「北海道の田舎の会社がロケットなんて無理」――そう言われる中で、創意工夫と情熱で固体燃料ロケットの打ち上げ開発を、植松電機では行なっていた。

植松さんとは、北海道のイベントで一緒に登壇する機会があり、その控室で私が極地用のソリを製作したいと思っているということを話した。すると植松さんは「それ、面白そうですね。詳しく話を聞かせてください」と前のめりになった。

後日、植松電機にこれまで私が使用したソリを持ち込み、極地はどのような環境で、どのようにソリを使用するかを説明すると、早速社員の橋本さんがリーダーとなり、極地で求められる性能からソリの設計を行なった。

ソリに使用する素材の候補をいくつか選ぶと、北海道立総合研究機構の工業試験場に赴き、氷点下六〇度まで対応の試験機で、低温

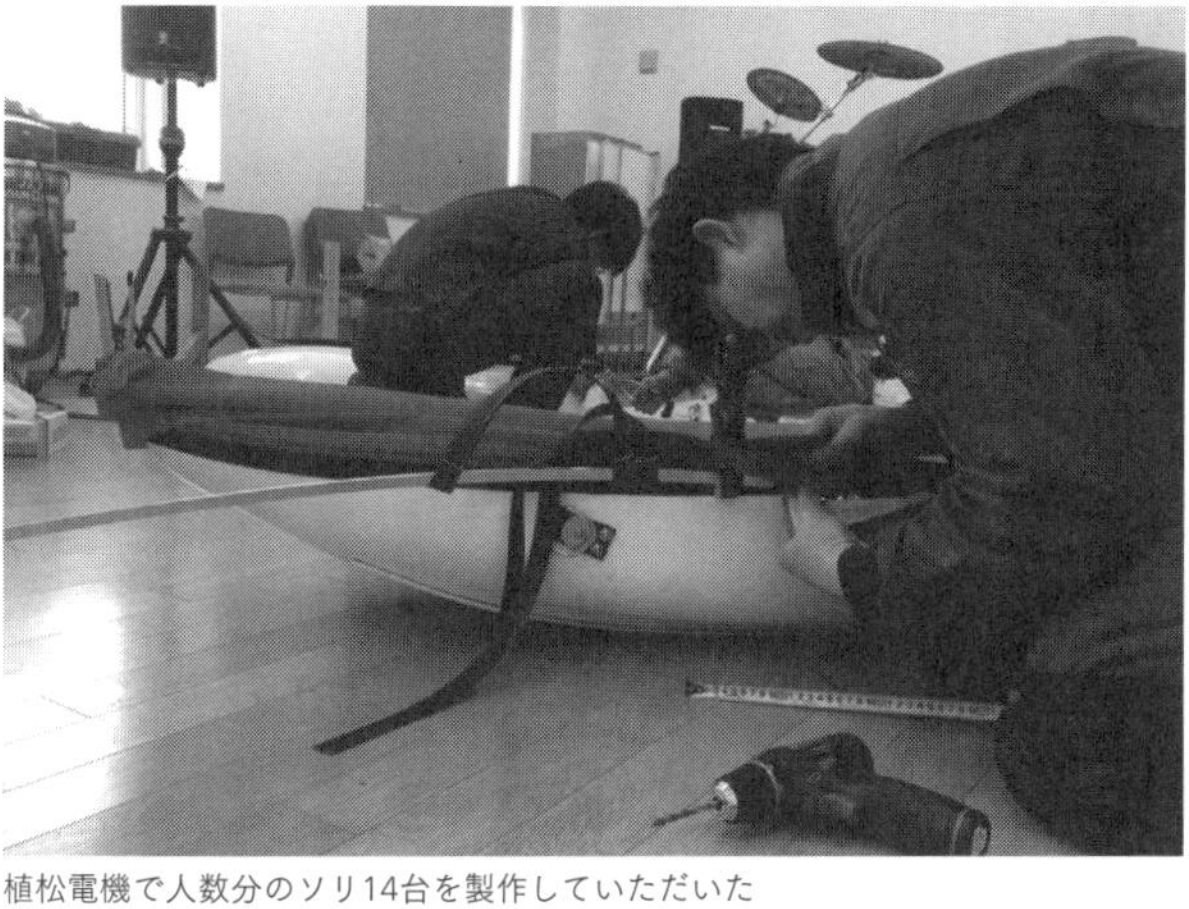

植松電機で人数分のソリ14台を製作していただいた

下での素材の破断テストを行った。

素材選定から設計、成型までを植松電機で行い、完成したソリは南極点への一一二六㎞を無傷で乗り切った。

そして、新たな計画として若者たちと北極へ行く、という計画を植松さんに話すと、人数分のソリを新しく製作しましょうと言葉をいただいた。

しかも、南極点の時から含めて、若者たち十二名、私と撮影の柏倉を合わせて十四台分のソリを、全て無償で製作していただいた。材料費や、そこに関わった橋本さんはじめ、みなさんの労力を考えれば、大変な金額になるところだ。

人数分のソリの完成を北海道での合宿中に間に合わせていただき、実際に使うソリを引いてトレーニングを行うことができた。

経験から開発されたウェア

ソリともう一つ、今回の北極用に製作した重要な装備があった。それが、冒険用の特注のウェアだ。

二〇一四年、私が北極点の挑戦を行った時から極地でのウェアのサポートをしていただいているのが、ポールワーズという日本のアウトドアブランドを持つ、ザンター社だ。

ザンターの歴史は古く、一九五六年から始まった日本の南極観測隊に、第一次隊から羽毛服(ダウンジャケット)を供給している。また、同じ年に日本の登山隊が世界初登頂した八〇〇〇m峰、マナスル登山隊にも羽毛服を提供していた。

その当時、海外には存在していた羽毛服を日本でも作れないかと、相談を受けたのが東洋羽毛という羽毛布団の製造会社だった。その衣料品部門として羽毛服を製作し、後に衣料品部門が独立してザンターとなった。

それからも、南極観測隊の越冬服を生産して供給するなど、一般消費者向けというよりも、極端なプロユースとも言える、専門的な衣料を多く手掛けていた。

二〇一三年に私はザンターと出会い、ポールワーズブランドを一般消費者向けに製品開発を行って販売していくという中で、私の極地用のウェアを作っていただくことになった。

南極点無補給単独徒歩を行った時に、私の遠征用に開発したのが、素材にコットン(綿)を使用した上下のアウタージャケットだった。

徒歩による極地冒険では、極寒冷地にあっても相当の汗をかく。自力で重いソリを引くため、運動量は多く、寒冷地でもかなりの発汗量となる。

氷点下四〇度や五〇度の中を歩くので、膨れ上がるほどの防寒対策をしていると思われるが、私が極地で使用するウェアを触った多くの人が「こんなに薄くて大丈夫なの？」と疑問に思うほど軽装だ。日本のスキー場でスキーを滑っている時よりも軽装かもしれない。

私が徒歩冒険に使用するウェアに対して、求めている機能として「温かさ」というのは優先度は低い。なぜなら「温かいウェア」というのは、体を温めることしかできず、冷やすことができないからだ。

極地で使用するウェアに最上位で求められる機能は、温かさではなく「効率的な体温調整」である。

重いソリを引いて、体が熱くなった時に、汗をかきすぎないように効率的に冷やす場面は多い。

衣類に求める概念としては、最上位に「効率的な体温調整」があり、その一段下に「温める」「冷やす」が同列に存在する。と言うか、徒歩冒険では「温める」よりも「冷やす」

の方が、やや上位にある。

温かいウェアでは、体を温めるだけで、汗をかきすぎてしまう。その汗はジャケット内で凍りつき、それが今度は体を急激に冷やすことにもつながる。

熱くなった身体を効率的に冷やしていくことも、極地でのウェアには求められる。ソリを引いて歩いている間は、身体を温めているよりも、冷やす方により時間を使っているのが現実だ。

アウトドアの世界で使われるウェアでは、化学素材の防水透湿機能のものが一般的だ。外からの雨を防ぎ、ウェア内の汗を外部に蒸発させていくのが防水透湿機能である。しかし、極地では寒いので雨は降らない。つまり、防水機能は不要だ。

そして、汗を外部へと蒸発させる透湿機能は、ある一定の低温になると物理的に透湿は止まり、ウェア内で汗は結露して凍結してしまう。私の体感的には、透湿機能は氷点下一五度から二〇度までが限界だろう。しかし、極地冒険での温度帯は、氷点下二〇度「から」さらに低い気温だ。

私もかつては、登山用の防水透湿機能のウェアを極地で流用していた。実際に寒冷地で使ってみると、ジャケットの内側は凍った汗でバリバリになり、汗の処理にはとても苦労していた。

通常の環境では効果的な防水透湿素材も、雨の降らない極地では「不要の防水機能」、さらに低温化では物理的に止まってしまう「機能しない透湿機能」となり、まるで意味を成さない。ハッキリ言って、役に立たないのだ。

そこで、南極点を視野に入れて準備を始めた時に、南極遠征用のジャケットを製作する中で出たアイデアが、天然素材のコットンを使用したジャケットだった。

一般的に、アウトドア用品の世界では、コットンは悪者のイメージがある。コットンは汗で濡れると乾きにくく、肌着にコットンのシャツを着ると、汗濡れが乾かず身体を冷やす。コットンと汗濡れは相性が最悪、というのがアウトドアの世界での常識になっている。

では、なぜ私が南極用のジャケットにコットンを採用したかといえば、それは「汗の処理」が格段に楽になるだろう、と思いついたからだ。

汗濡れと相性が悪いはずのコットンを選ぶことが、なぜ汗の処理を楽にすることになるのか。

南極点遠征で開発したコットンのウェア

防水透湿素材はフィルムであるが、コットンは糸を織り上げた生地である。

フィルムであれば、透湿機能が物理的な作用で発揮されなくなり、全ての汗は内部で結露してしまうが、糸を織った生地はジャケット内側から汗を吸い上げる。

ジャケットは確かに汗で濡れてしまうが、そこからは南極の環境に手伝ってもらうことにした。

南極において、内陸の冒険ができるのは南極の夏の季節に限られる。

仮に冬の時期に南極の内陸に向かおうと思えば、氷点下六〇度や七〇度は当たり前の気温となり、風も新幹線並みの時速三〇〇㎞、秒速に換算すれば八〇mもの爆風が吹き荒れるという、人間が生存することすらできない世界となる。

そのため、気温が氷点下二〇度から三〇度ほどで、風も比較的穏やかになる夏の時期に訪れることになる。

南極の夏というのは、太陽の沈まない白夜の世界。太陽は一日中出ており、しかも海から遠ざかっていく内陸では晴れの日が多い。そして、南極大陸では内陸から海に向けて吹き降りてくる風が常に吹いている。

さらに、南極の内陸部は極乾燥地帯である。夏の南極の気象環境三要素。乾燥していて、風が強く、そして太陽が出ているというのは、濡れた洗濯物を干すには最高の環境だ。ソリを引きながら、ジャケット内部から吸い上げられた汗も、南極の環境によって外部に発散されて汗は乾いてゆく。それによって、ジャケット内部に汗が滞留することなく、汗の処理が格段に楽になるであろう、ということを考えた。

私の狙いは完全に的中し、南極点までの間、汗の処理で苦労することはまったくなかった。防水透湿素材の、既存のジャケットであれば、毎日ジャケット内部が汗でバリバリに結露し、その処理に時間を要したことだろう。

南極点への冒険でコットン素材のジャケットに一つの答えを得た私は、今回の北極行にも同じ仕様での、ジャケットとビブパンツを製作した。

この上下コットンウェアのこだわりと、細部のデザイン意図まで書き出すと、それだけで一冊の本になってしまいそうなので、これ以上の詳細は割愛する。フードの形状、フードに取り付けたファー（毛）の役割と取り付け方、パターン（形）の意味、ジッパーの素材、ベンチレーションの意味、他のジャケットと組み合わせた使用方法などなど、キリがないので割愛。

合宿にはコットンのウェアも製作を間に合わせてもらい、本番同様の装備を使って、擬似北極でのトレーニングを行った。

九日間の合宿は、メンバー全員がそれぞれの個性を把握する良い機会となった。また、道具の使い方、極地での行動様式を学ぶ練習として、成果を得て無事に終了した。

さまざまな準備と手配

合宿後は、週に一度ほどのペースで集まりながら、準備を進めた。

三月二十五日の出発を一ヶ月半後に控え、準備することは多い。

装備に関する準備であれば、使用するゴーグルにフェイスマスクを縫い付けなければならないのだが、既製品では良いものがないので、私がいつも自作しているものの作り方を全員に教えてそれを製作する。

日暮里の繊維街に私が指定した生地を買いに行かせ、それを指定の大きさに切り、二枚の生地をミシンで貼り合わせ、ゴーグルのスポンジ部分に縫い付けてフェイスマスクにす

フェイスマスクを自作してゴーグルに縫い付ける

る。

食料品であれば、日中の行動食に使うチョコレートバーをメンバーたちに自作させた。既製品のチョコレートを大量に湯煎で溶かし、そこに食用油を大量に混ぜ込み、さらにすりゴマやきな粉を混ぜるのが、いつも私が作るレシピである。油を混ぜるのは、カロリーを多く摂取する目的が一つ。もう一つの理由は、寒冷時では凍って食べにくくなるチョコレートも、油を大量に混ぜることで固くなりにくく、食べやすくなるという利点がある。

北海道での合宿中に、行動食のチョコレートバーをみんなで作ることを伝え、味をいくつか用意しようと提案した。何をチョコレートに混ぜるか、合宿中にその実験を行う日を設け、スーパーで様々な食材を購入し、実際に作って試食してみた。

私がいつも使うきな粉、すりゴマ、ナッツだけでなく、レーズン、インスタントコーヒー、ラム酒、グラノーラ、ピーナッツバターなどを試すと、その組み合わせで好評だったものを採用し、合宿後の準備期間に大量に製作した。

チョコレートは、スポンサーでもある森永製菓から大量に提供していただいた。

行動食のチョコレートバーは、一人が一日一〇〇グラム消費する計画だ。現地でのトレーニングや予備を含め、四十日分製作する。一人分が四kgなので、その十四人となると、五六kgという、膨大な量のチョコレートバーを作らなければならない。

必要な食材の買い出し、チョコレートバー製作、輸送のためのパッキングなどでも数日を要した。

その傍らで、私は現地の情報収集、航空機の手配や村での宿泊の手配、カナダに到着してからの動きの想定を行なった。

日本から全ての装備や食料を持ち出すわけではない。カナダで購入するものも多数あるので、準備のためにどこで宿泊するのが効率的であるか、何をどこで購入するか、計画全体の動きと照らし合わせて行動計画を考えていく。

様々な費用を、カナダに外国為替で振り込みをしておく必要もある。

全員の日本からカナダの往復航空券は日本国内で支払いができるが、イカルイットから先の移動に関しては、チャーター機を利用する（詳しくは後述する）ことにしているので、その費用を現地の飛行機会社に送金をしておかなくてはいけない。

それらの手配も私が行う。

参加メンバーのうち、学生はすでに春休みになり、社会人メンバーのうちで諏訪や花岡は退職して、この冒険に臨んでいる。西郷と市川は、出発ギリギリまで仕事と準備の折り合いをつけている。フリーター集団は時間が自由なので、準備には毎日参加していた。

費用の工面

今回の北極冒険の費用であるが、若者たちの個人負担は一人八〇万円ほどとした。

その内訳は、日本からオタワまでの往復航空券が二〇万円。オタワからイカルイットへの往復航空券が一〇万円。二度利用するチャーター機の費用が二〇万円。オタワとイカルイットでの、準備中と帰りの宿泊費や生活費が一〇万円。個人にかかる保険代が一〇万円。大量の荷物を運ぶための、飛行機のオーバーチャージやレンタカー代、通信費などの諸々として、一〇万円。計八〇万円である。

この中には最も費用がかかる装備代は入っていないし、大量に購入する食料品、現地で調達する燃料代、その他膨大にかかってくる様々な費用は入っていない。

メンバーたちには、最低限必要な費用だけを負担させ、足りない部分は私がスポンサーを回って費用を工面した。

まともに一人にかかる費用を計算すれば、装備代から全て含めて一人あたり一五〇万円は必要なはずだ。

個人負担が八〇万円なので、メンバーが一人増えるごとに、私の負担が七〇万円ずつ増えていく。

あまりメンバーを増やしたくなかった理由は、ここにもある。多すぎると私の目が届かずに、現地での安全を担保しにくくなるというのもあるが、単純に金がかかるのだ。

正直な話をすれば、だからこそ、参加するメンバーには本気で望んでほしかった。仮に、最初から「個人負担は八〇万円です。北極の一ヶ月徒歩冒険に、一緒に行きませんか」などと募集をすれば、必ず「そんな金額で体験できるのなら、これは安い。お得だから参加したい」という、コスパの良い冒険ツアーに参加できるという動機でやってくる人が、必ず出てくる。正直な話、そんな動機の人に私が集めた七〇万円を費やして、連れていきたいとは思わない。

募集をしないという理由の一つが、ここにもある。募集をすれば、条件を言わなくてはならない。条件には、費用も含まれる。今回集まってきたメンバーたちが個人負担額を知ったのは、かなり後期になってからだった。

一人あたりの不足分七〇万円を十二人で、計八四〇万円を私が用意して出すわけだ。しかも、そこには私の費用と、柏倉の費用が入っていない。さらに、柏倉には仕事として同行を依頼しているので、相当額の謝礼を支払うことにしている。プロの写真家を一ヶ月半も拘束するのであれば、それなりの対価は必要だ。

若者たちに必要な八四〇万円。私にかかる一五〇万円。柏倉にかかる一五〇万円。そして彼に支払う謝礼。

総額で一三〇〇万円は私が工面することになる。

人を連れていくのに、私が一三〇〇万円支払うというのも因果なものである。が、やると決めたからにはやるしかない。

南極点やそれ以前の北極点挑戦の時には、それぞれ二〇〇〇万円ほど集めているので、それほど難しい金額ではない。が、私はあえてスポンサーから集める費用は一〇〇〇万円ほどに留めておき、残りの三〇〇万円は私の個人負担とした。

それは、私も若者たちと同じ立場になる必要があると思ったからだ。

私は、ツアー旅行を企画して利益を上げようとしているのではない。冒険の旅を計画し、彼らと一緒に旅を行うのが目的だ。一緒に旅をするには、同じ立場になるべきだと思った。

そうであれば、二十代の彼らが一人八〇万円を工面しているのであれば、四十一歳の私は三〇〇万円は出さないと釣り合わないだろう、そう考えた。

この八〇万円というのは、二〇〇〇年に私が大場さんに連れられた北磁極への旅でも、同額の個人負担だった。大場さんはスポンサーから資金を募り、不足分を賄っていた。当時は、私も参加者ながら、この個人負担額ではまったく足りてないよなぁということを感じていた。

自分もそのようにしてもらっていたのだから、大場さんから私に立場が移ったとしても、そのスタンスは守りたい。

自分のことながら、なんとも不器用なやり方だなぁと思う。

一三〇〇万円を私が工面するのであれば、スポンサーからこれまで通りに二〇〇〇万円集めて、私の懐に七〇〇万円入れることだってできる。しかし、それでは間違いなく、良い旅ができないという確信がある。

これから先、北極の現場では彼らに対して強く指導をしたり、本気でぶつかる場面が出てくるはずだ。

彼らを「お客さん」にしてはならない。

私と彼らには、経験の差はもちろんあるが、あくまでも同じゴールを目指す、同じチームの仲間である。

私が彼らを「お客さん」にしないことで、彼ら自身が北極の自然の中で、本物の冒険に浸り切ることができるだろう。彼らが「お客さん」になればなるほど、ただの「冒険ツアー」に堕してしまう。

計画発表から、メンバーの集結、毎月のミーティング、ルート決定、合宿、そして日本での事前準備と、約一年にわたる期間を経て、いよいよ出発の日がやってきた。

第二章　現地での準備　オタワ・イカルイット

冒険に必要な能力

二〇一九年三月二十五日。羽田空港国際線ターミナルから、総勢十四名のメンバーはカナダに向けて出発した。

トロントを経由し、オタワに到着すると現地は夜。十四人分の装備を全て、航空機のチェックインの手荷物で運んできているため、膨大な荷物が手荷物受け取りのコンベアから排出されてきた。

ソリは三台ほどを一つの荷物になるよう、重ねて梱包している。食料や装備品を納めた段ボールは三十箱ほど。箱の中身は全てリスト化しているため、オタワでは使用しない荷物とソリを選び、空港のストレージサービスに預けた。この辺りの手順も出発前に綿密に考えておき、オタワ空港では手早く作業を済ませた。

荷物輸送の計画がうまく運ぶか否かは、遠征が実施できるかどうかの大問題にもつながる。

これまで私はずっと単独行だったので、荷物も大した量ではなかった。しかし、十四人分となると、効率的に荷物を移動させることを事前に考えておくことも非常に重要になる。

いくら極地を歩く能力に長けていても、重要な装備が届かなければスタートを切ることもできない。

これまでで、荷物輸送を最も警戒したのは、南極に行った時だろうか。

私が南極に行く際は、チリの南端に位置するプンタアレナスから飛行機で南極入りする。日本からは、まずは東に飛び、カナダのトロントを経由し、そこから南下、チリのサンティアゴを経由してプンタアレナスに入る。

この時は、私自身チリは初めて行く場所だったので、友人にプンタアレナスまで同行を頼み、サポートしてもらった。

日本からは、ソリをはじめとしてスキーや装備品を航空機にチェックインの手荷物として預ける。プンタアレナスまで、乗り換え時間も合わせて三十六時間のロングフライトだ。預け荷物の行き先タグは、プンタアレナスの空港コードになっていることを確認し、私が途中で乗り換え便に預け直す必要がないことを、カウンターで確認していた。

カナダのトロントで乗り換え、チリのサンティアゴに到着。サンティアゴで入国審査を行い、チリ国内線に乗り換えてプンタアレナスに向かおうとしていた。と、そこで突然、私の警戒信号が脳内で発動した。

「待てよ、まさか、ここで荷物が受け取りのところに出されちゃってる、なんてことないだろうな」

南極遠征に向けて、感覚が高まりつつある私のセンサーが動いた。

羽田空港国際線で荷物を預けた際は、荷物の行き先はプンタアレナスになっていたし、カウンターでもノンストップで行くと言っていたが、初めての土地でこれは確認した方が良いなと思った。

一応、念のためと思い、国際線から国内線へのターミナルに移動する前に、寄り道して手荷物受け取り場を見に行ってみた。するとそこには、パッキングされた巨大な私のソリが手荷物受け取り口に出されていた。

二割くらいは可能性ありそうだな、と思いつつ「まあ、念のために」と思いながら、見に行って本当に良かった、と安堵した。もしあのまま確認に行かず、そのまま国内線に乗っていたら、ソリだけサンティアゴに置き去りになっていた。プンタアレナス行きのタグは付いているので、完全に紛失することはないとしても、私がソリを受け取るための時間差などで、スムーズに南極入りできなかった可能性もある。

他に預けた荷物はそのままプンタアレナスへの国内線に積み替えられたようだったが、なぜかソリだけがサンティアゴで受け取り口に出されていた。ソリをピックアップし、カウンターでプンタアレナス行きに預け直して事なきを得た。

極地に限らないが、冒険行における「遠征の能力」というのは、ただ単純に体力があるとか寒冷地での行動に慣れているというだけではない、多方面の力が求められる。人との交渉力、コミュニケーション能力も問われる場合が多い。それ以外にも、複数の国を跨ぐ時の出入国の手続きなどもあるし、どの装備や食料をどこで調達するのが効率的か、などの知識も必要だ。

冒険を通して必要な能力は、やはり経験を通して磨かれていく。規模が小さくても良いので、自分自身の主体的な遠征を何度も行うことが重要だ。ツアーに参加して、ガイドやコーディネーターが身の回りの面倒を見てくれているうちは、主体的な能力はなかなか育たないだろう。

ある訪問者

以前、私のところに「僕も冒険家になりたいです」という若者が相談に来た。高校を卒業したばかりだという彼は、私の事務所まで、巨大なザックを担いで歩いてきた。

「どこから来たの?」と尋ねると「巣鴨から歩いてきました」と言う。

地図で調べると四〇km以上離れている。彼がザックを下ろすと、上半身に不思議なベストを着ているのを見つけた。腹の周囲に、黒い筒状のものが縦に連なっている。

「それ、何なの?」と尋ねると「これ、重りなんです。全部で二〇kgくらいあります!トレーニングで付けて歩いています!」

汗を拭いながら、憎めない笑顔で答えた。が、そのベストの見た目は完全に、体に爆弾を巻きつけて群衆に飛び込もうとする自爆テロリストそのものだ。

「それ付けて電車とか乗ったら、絶対変な誤解されそうだな」

笑って尋ねると「そうなんです!」と笑顔で答える。どんなところに冒険に行きたいのかと尋ねると、山とか極地に行きたいと言う。高校生の時から、歩いて日本一周したり、卒業後も旅やトレーニングを続けているという。「貯金はあるの?」と尋ねると「全然ないです！」と、またも田舎くさいが憎めない笑顔で答えた。

私は彼にこう言った。

「そうかぁ、トレーニングも良いけど、バイトした方がいいぞ」

「いや、でも、体力つけないと冒険に行けないので」

「もちろん、体力は必要なんだけど、筋力はあるのに体力が全然ないやつってのもたまにいるよね。それに、山で冒険したいなら、一番のトレーニングは山に行くこと。極地の冒険をしたいなら、一番のトレーニングは極地に行くことなんだよ」

「はあ」

「要はさ、もしプロ野球選手になりたいなら、バッティングセンターで十年打ち込んでもプロ野球選手にはなれないんだよね。単純に、ボールをバットに当てる技術は高まるだろうけど。でも、ピッチャーの配球を読むとか、守備のシフトの裏を狙うとか、出塁した選手とタイミングをとりながらバントしたりとか、守備のカバーに入るとか、いろんな能力が全部揃ってプロ野球選手なんだよね。それには、試合の場数をこなさないといけない」

「はあ」

「要は、冒険したいならバンバン試合に出ないと。小さくてもいいから遠征の数をこなすのが一番だよ。遠征ってのは、体力あればどうにかなるものではなくて、国際線の飛行機の乗り継ぎでの輸送のコツとか、現地の人にお世話になる人間関係とか、どんな装備が自分には合っているのかとか、実際に歩くとか登る以外にも経験しておくべきことがたくさんあるんだよね。野球選手がバッティングだけじゃなく、他の能力も必要なように。それができないと、歩く以前に装備が届かないとか、他の要因で遠征ができないこともよくある」

「なるほど。そうなんですね」

「若いんだから、ほっといても体力は付くから。トレーニングしている暇があったら、バイトしてバンバンお金貯めて、ジャンジャン遠征に出た方がいいよ。それが一番のトレーニングだから。いくら重り担いで日本を何百キロも歩いても、それはバッティングセンターでひたすら打ち込むのと変わらないよ。時間がもったいない。帰って明日からバイトしよう！」

「分かりました！」

そう言って、彼は自爆テロリストのようなベストを腹に巻き、重いザックを担いで四〇㎞の道のりを歩いて帰っていった。

冒険を遂行するための能力とは、準備段階から始まって総合的な力が試されるものだ。それを磨くには、主体的に遠征を経験していくしかない。

オタワで買い出し

到着したオタワでは四泊し、その間にホテルの部屋で食料品のパッキングなどを行う予定だった。

食料は、日本から持ち出したものが全体の約半分。残り半分はオタワで購入することにしている。

オタワでは、私の友人でテレビ番組などのコーディネート業を営む中村さんにお手伝いいただき、空港に大きなバンで迎えにきてもらっていた。また、空港で一台レンタカーを借り、私が運転して準備中の買い出しや、輸送の移動手段にする予定だ。

大量の荷物のうち、オタワでは使わない荷物は空港のストレージサービスに預け、食料パッキング作業に必要な箱だけを選んで車両に積み込んだ。車に乗り切らないメンバーたちはタクシーに分乗し、予約しているオタワ市内のホテルに向かった。

ホテルに到着した頃には、三月二十五日から翌日に日付が変わるかという時間。荷物を部屋に運び込むと、みんなでホテル近くのレストランに入り、ビールを飲みながら冒険の第一歩を踏み出したことを実感しつつ、明日の予定を話し合った。

翌二十六日は、買い出しを行う日。私のレンタカーと、中村さんの車を出してメンバーたちが手分けして必要な買い出しに向かった。

オタワで調達するものは、大きく分けて二種類。装備と食料だ。

装備については、ソリやスキー、テントやウェア類などの主要な装備は全て日本で用意してきている。

補修用のテープなどの消耗品や、日本国内ではあまり良いものに出会えない、お湯を保温しておくためのポットを購入するなど、カナダ国内で用意するものもいくつかあった。

もう一つ重要な装備として、地図がある。以前は、日本国内でもカナダ極北部の地図が購入できたのだが、最近ではテロ対策の目的などからか、外国製の地図の入手が日本ではできない。今回のルートの地図を、オタワで調達することも重要な用事になっていた。

食料については、オートミール、ナッツ類、ドライフルーツ、インスタントライス（アルファ化米）、肉類や乳製品などを主に調達することにしていた。肉や乳製品は、カナダでは国外からの持ち込みが禁止されているので、必然的にカナダ国内で調達するしかない。また、それ以外の食料品は、カナダで買った方が安上がりなので、私はいつもカナダで購入してきた。

ナッツやドライフルーツなどは、カナダの大型のスーパーマーケットに行くと、巨大な容器で計り売りしてくれる店も多く、十四人分の膨大な量を買うには都合が良い。

一日かけて装備品と食料品の買い出しに費やし、翌二十七日は全員で食料品のパッキング作業を行なった。

食料の準備

食料は、一日三食それぞれをジップロックに一袋ずつ作る。朝はオートミール、昼は特製のチョコレートバーやナッツ、ドライフルーツ等、夜はアルファ化米かインスタントラ

一日かけて、全員で食料のパッキングを行う

ーメン。それぞれ、毎日何グラムずつ消費するか、カロリー計算と共に決まっている。その規定量を守りながら、人数分作っていくのが食料のパッキング作業だ。

例えば、朝のオートミールであれば、毎朝一人一五〇グラム。そこに、ホールミルクパウダーと砂糖が入る。日中の行動食も、チョコレートバーやナッツの配分が決まっているので、それぞれを秤で計測して規定量を作る。

計画では冒険全体は三十日の予定だが、予備も含めて三十五日分用意する。さらにイカルイットでは海氷上の実地トレーニングに出るので、そこで食べる分も作っておく必要があり、合計で四十日分の食料をパッキングした。

十四人分の四十日分ということで、一食あたり五六〇袋。それが三食なので、一六八〇袋ものの食料をパッキングしなくてはいけない。一食ずつ、ジップロックに一六八〇袋作る。

前日の買い出しでは、ジップロックの調達も重要な課題だった。食料パッキングに使用する、ジップロックのフリーザバッグのMサイズを一七〇〇枚用意しなくてはいけない。一箱に十九枚入りなので、食料だけでジップロック九十箱が必要だ。さらに、ジップロックは食料だけでなく、様々な物のパッキングにも使用するので、一〇〇箱以上が必要となる。

ホテルの周辺を、車を使ってスーパーやホームセンターをいくつも回って、ジップロックを買い占めに走った。我々が通り過ぎた後、オタワ市街地では局所的に、近所からジップロックのMサイズが消え去ったことだろう。

食料のパッキングでは、規定量を作ることも大事だが、無駄な包装を事前に外しておくことも重要だ。

行動食に用意してきた飴玉は全て個包装を外し、スポンサーの森永製菓から提供していただいたキャラメルやハイチュウなども全て、個包装を外す。個包装は、寒い中で食べる時にグローブをしたままでは外すことができないし、食べられもしないゴミになるものをソリに積んでおく必要なはい。

泊まっているホテルの四つの部屋全てに食料品を広げ、全員でパッキング作業を行なった。

ある部屋では、ひたすら飴玉やキャラメルの個包装をはがす者。ひたすらアルファ化米をジップロックに入れ続ける者、完成した袋を計算して箱詰めしていく者。手分けをして、十四人が丸一日をかけて一気に作業を行なった。

今回の冒険のルートは、パングニタングの村を出発し、途中でキキクタルジュアクの村を経由して、最終目的地のクライドリバーを目指す。

パングニタングを出発する時には、二〇〇km先のキキクタルジュアク到着までに必要な物資をソリに積み込み、キキクタルジュアクで食料と燃料を補給して先に進む予定だ。

食料に関しては、現地にもスーパーマーケットはあるが、やはり冒険用に用意した、カロリーや栄養が計算された食料が必要になる。オタワでパッキングした食料のうち、キキクタルジュアクからクライドリバーへの後半戦で使用する食料は、オタワの準備中に、キキクタルジュアクへ輸送しておくことにしている。

航空会社とは事前に打ち合わせし、航空会社の貨物便に預け、私たちがキキクタルジュアクに到着した時に補給荷物を受け取る手筈を取っていた。

仮に、何かのトラブルで補給物資が届かない、届いたが行方不明、などの最悪の場合でも、村にはスーパーがあるので食料品を購入することも可能だ。計画が最低限遂行できるように、いくつかの状況を想像した上で計画を考えていた。

三月二十八日、キキクタルジュアクでの補給の食料を段ボール七箱にまとめ、車両に積み込み、航空会社の貨物便に預けに行く。コーディネーターの中村さんにも事前に航空会社との連絡をお願いしておいたおかげで、スムーズに作業は進んだ。

食料の準備を終えると、午後からは自由時間とした。明日はいよいよイカルイットに移動する。カナダの大都会とは別れを告げて、北の辺境の地に向かっていく。メンバーたちは名所の見学に行く者、食事に出る者、それぞれがカナダ観光を楽しんだ。

イカルイットへ

三月二十九日。朝早くからホテルをチェックアウトし、中村さんの大型バンと私のレンタカー、タクシーに分乗して空港へ。ストレージサービスに預けていた荷物を引き取り、イカルイットへのチェックインを済ませる。

オタワからイカルイットへは、ジェット機が毎日三便ほど飛ぶため、アクセスは良い。飛行時間は三時間ほど。

イカルイットは、カナダ北部のヌナブト準州の州都となっており、人口七〇〇〇人を超える。

南の大都市から比べれば、七〇〇〇人など小さな街に思えるが、ヌナブト準州では最北のグリスフィヨルドで人口一三〇人ほど、私が最も訪れてきた北極遠征の最前線となるレゾリュートで人口二〇〇人。その他も、数百人規模から大きくても一〇〇〇から二〇〇〇人ほどの集落で構成されるヌナブト準州の中では、州都のイカルイットは大きい街である。

ヌナブト準州とは、一九九九年に誕生した、カナダ十三番目の新しい準州だ。

カナダ北部の広大な土地を占めていた北西準州から分割され、先住民イヌイットが自治を行う新しい準州として誕生したのが、ヌナブト準州だ。ヌナブトとは、イヌイットの言葉で「我々の大地」を意味する。

ヌナブト準州の州都にあたるイカルイットの位置は、北極圏を示す北緯六六度三三分よりもやや南に位置するものの、冬季は氷点下三〇度を平均的に記録する。

街が面するフロビッシャー湾は、冬季には完全に結氷し、カナダ極北部で冒険活動を目指す者たちが事前のトレーニングを行ったり、準備をする場所として利用されていた。私自身、イカルイットには二〇一〇年からよく訪れるようになり、過去に挑戦した二度の北極点無補給単独徒歩挑戦の事前訓練をここで行なった。

今回も、イカルイットで最後の準備を行い、出発に備えることになっている。

オタワからイカルイットに到着すると、外の景色は完全に北極圏。全てが真っ白に凍りつく世界を目にして、メンバーたちも「いよいよ来たな」という高まりを感じたようだった。

イカルイットではホテルに二泊する。荷物をホテルに置くと、屋外をみんなで散歩し、寒冷地の空気を身体に慣れさせながら、海氷に降りてみた。

イカルイットに到着。街の中を散歩して体を寒さに慣らす

生まれて初めて「凍った海」に足を置いたメンバーたちは「これって海なの？」「割れない？」など、緊張感と高揚感をおぼえながらも、確かに自分たちがいま、冒険の入り口に立っているという実感を得た。

三月三十日と三十一日の二日間は、ホテルに宿泊しながら、運んできた荷物を全て解き、装備を一つずつ確認する。調達し忘れたものはないか、装備に不具合が出ているものはないか、確認しながら実際に氷上を引くソリの形を作っていく。

海氷上の実地トレーニング

四月一日からは、本番同様にソリに全ての

荷物をパッキングし、海氷上での三泊四日の実地トレーニングに出た。

初めての海氷上でのソリを引いての進行。スキーを履いて歩くことも慣れていないし、ソリ引きも北海道合宿で体験した程度だ。トレーニング初日は昼から十六時まで、四時間ほど氷上を歩いてキャンプを設営することにした。

冷たい風が吹き抜ける氷上で、風に煽られるテントを抑えながら、二人一組でテントを設営する。

改めて、テントを設営する時の注意点を最初に伝える。テントが風で飛ばされないために、風が強い時には張り綱とソリを結んでおくこと。作業をする時に風向きをよく考えながら作業をすること。また、テントのポールを折らないように、何に注意するべきか、などの説明を簡単にしてから作業に入った。

冒険中のテント生活は、二人一組での共同生活になる。このチーム分けは、北海道での合宿中に決定していた。

テント設営を終えると、ソリから一晩を過ごすために必要なマットや寝袋、ストーブや鍋、食料などをテント内に入れ、生活空間を作る。氷上の雪を飲み水とするため、どのように雪を集めておくか。海氷からすぐ近くの雪は、海の塩分が上がって塩辛いので、どのくらいの深さの雪まで使えるか、なども説明して、それぞれが夕食の準備に入った。

陽が落ちて夜になると、空には見事なオーロラが現れた。

緑色の光の帯が、ゆらゆらと形を変えながら頭の上を泳ぐように渡っていく。イカルイットはオーロラが発生しやすいオーロラベルトに位置している。この先、本番の遠征でもう少し北上していくと、オーロラは今ほどはよく見えなくなるだろう。メンバーたちにもそれを伝え、今のうちにオーロラをよく見ておくといいぞと教えた。

翌日からは、日中はソリを引いての進行訓練。ソリの引き方のコツを教えながら、休憩の取り方、汗の処理の注意点、レイヤリング（重ね着）のコツなどを伝えていく。

トレーニング三日目は強い向かい風の一日になった。風向きが変わると、途端にソリ引きが困難になる。また、顔面を向かい風からどのように守るか、フードとゴーグル、フェイスマスクの使い方なども指導した。

海氷上には、所々で海氷が割れている箇所、危険な場所も存在する。そのような場所に出会うと、メンバーたちになぜこの亀裂が発生するか、何が危ないかを教える。教えることはいくらでもある。もちろん、その全部が彼らの頭に入るとは思っていないが、危険性は身の回りに溢れているということを理解し、緊張感を保たせる必要があった。

実地トレーニングを問題なく終え、四月四日にイカルイットの街に戻った。

イカルイットの海岸線は、例年激しい乱氷帯になっている。その氷のブロックを縫って集落にたどり着くと、海に面した通りの向こうにピザ屋があった。時計を見ると、ちょうど昼だった。

「お腹すいたよね。あそこにピザ屋があるからあそこで昼メシにしようぜ」

「うおー！　ピザ！」

私の提案に沸き立つメンバーたち。

カナディアンサイズの大きなピザを二人で一枚ずつ注文し、炭酸飲料と一緒に腹に流し込んだ。

冒険ルートの海氷状況を読む

海氷上での実地トレーニングを無事に終え、ホテルに再チェックインをした。

翌四月五日にイカルイットから冒険のスタート地点となる、パングニタングへ移動するはずだったが、あいにくの悪天候で飛行機が飛ばず、フライトが延期された。

全ての準備が終わり、ソリも装備も全て航空会社に預けてあるので、ほぼ手ぶらでやることもない。

久しぶりに、丸一日を何もせずにみんなで雑談したり、それぞれが好きに過ごした。

出発を間近に控え、私には一つの懸念事項があった。それは、冒険ルートの海氷状況だった。

ルート上の海氷の様子を、この数ヶ月見続けてきた。主に確認した情報は、カナダ気象庁が発表する人工衛星からの衛星写真や、エッグコードと呼ばれる海氷の厚さや凍結具合を示すチャート図である。

海氷上を歩く北極での冒険において、最大の関心事はルートの海氷状況だ。

スタート地点となるパングニタングから、二〇〇km先のキキクタルジュアクまでのルートは、安定したフィヨルド内と、一〇〇kmほどの島越えにあたり、海氷の心配はない。

キキクタルジュアクの村からゴールのクライドリバーまでは、バフィン島の北岸を島沿いに海氷上を進むことになるのだが、クライドリバーまでの四〇〇㎞のうち、中間に位置するホーム湾一五〇㎞の海氷に、不安定な様子があった。

海が凍った海氷には、陸地に張り付くように比較的安定して凍結した「定着氷」と、海流や風によって流動性が高くなる「流氷」がある。

定着氷は、大きな海流の影響を受けずに、周囲の島に動きを封じられることで海氷が安定する。

流氷にも性質が様々あり、激しく動き回る海氷から、ほとんど日々の動きがみられないものまで、場所や気象条件によっても違いがある。

カナダ多島海の島嶼部は、春先は比較的安定した海氷の領域が多いのだが、このバフィン島北岸の海岸線は、安定した定着氷と動きの激しい流氷の境が際立っている。陸沿いに定着氷がしっかりと張っていれば、この時期は問題なく歩けるはずだが、衛星写真などを見てみると、ホーム湾に今年の定着氷の様子が怪しい箇所があった。

私はこの二十年近くにわたり、カナダ北極圏の衛星写真のデータをストックし続けているので、膨大な過去のデータを参照しながら、この地域の海氷の動き方、春先にどうやって溶け出していくか、流氷に続いて定着氷も流出するタイミングはどこか、などを読み解いていた。

そうした観察を続けていくうちに、今回のルートのホーム湾の海氷が、どうにも状況が怪しいと感じ始めていた。

トレーニングを終え、最新の衛星写真を調べた結果として、メンバーを集めてその事実を伝えた。

「前にも言ったと思うんだけど、キキクタルジュアクからクライドリバーの間の海氷の様子が、いま見る限りでは危なそうなんだよね。あとは、キキク（タルジュアク）に到着したところで、現地の人たちから情報を集めて判断するけど、キキクから先に進めない可能性もある」

「そうなると、キキクでゴールということですか？」

私からの言葉に、全員が驚いた様子で答えた。

「みんなはどうしたい？　我々は一ヶ月くらいの時間は持っているけど、キキクまでなら十二日もあれば十分に到着すると思う。もし、先に進めないとなったら、残った時間をどう使うか」

彼らは困惑していた。まさか、そんなことを言われるとは思ってもいなかったのだろう。

「じゃあ、キキクからまたスタートのパングニタングまで戻るっていうのはどうですか？」

メンバーの誰かが声を上げた。

「往復して四〇〇㎞か。さらにもう一回キキクまで行けば六〇〇㎞になるな」

誰かがそれに冗談っぽく応じた。いくつか声が上がった後で、私が口を開いた。

「六〇〇㎞を歩くことが目的なら、それでも良いんだけど、我々が何を目的とするか、だよね。自分たちに許された時間を、最大限にどう活用するか。クライドリバーまで行ければ、それが最高だけど、それがダメだった時のことも考えておく必要がある」

「荻田さんは、クライドリバーに行けないとしたら、どうしたら良いと思いますか？」

誰かが私に尋ねてきた。

「もし俺が、自分個人の冒険の計画でここに来ていて、キキクまで歩いてきたけど、その先が進めないとなったら、そうだなー。どうするかなぁ」

私は、少し考えた。過去を振り返れば、そういうこともあった。

「そうだなぁ、キキクでイヌイットの知り合いでも作って仲良くなって、一緒に狩りにでも連れてってもらうかなぁ。イヌイットと一緒に狩りに行くの、楽しいよ」

そう言ってはみたが、メンバーたちにはいまいち響いている様子がなかった。

私たちは、冒険を計画してここに来ている。しかし、自然というのは人間の計画通りには動いてくれない。計画というのは、言わば人間の勝手な都合のことだ。私たちは勝手な都合で未来を計画するが、自然相手には人間都合の計画など、役に立たないことばかりだ。

これまでの私の極地冒険の中では、人間の基準からすれば、理不尽極まりないことの連続だった。北極点を一人で目指す際など、強烈な流動性をもつ北極海の海氷は、歩いた以上の距離を反対方向に流される、なんてこともよく起きる。

そんな時、猛烈な無力感もあれば、激しい憤りもある。が、憤ったところで仕方がない。人間一人の憤りなど、なんの意味も効力もない。自然の動きには、自分が合わせる以外の方法は存在しない。

若い頃、イヌイットの村を繋いでの徒歩冒険を繰り返していた頃も、海氷の問題で計画が実行できなかったこともあった。が、思い返してみると、そんな状況でも、私はそれなりに楽しんで日本に帰っていた。その都度、誰か新しい友人を見つけて、またその人にお世話になりながら、一つの計画が遂行できなかったからこそ、思いがけず別の出会いが生まれ、新たな旅が浮上してくる。

自分が立てた、事前の「計画」に固執して、意志の力で課題を克服していく、というのは人間ドラマとしては美しい話かもしれないが、自然の中に人為的な営為を優先させる「計画至上主義」は、ある意味で人間のエゴだ。

その人間としての力の美しさが垣間見える瞬間もあるが、その美しさとは人間社会の基準から照射した価値観である。

自然のダイナミズムの視座からものを見れば、自然の動きの中に人間の都合を優先させることの危うさ、愚かさ、傲慢さという側面も見えてくる。

社会の中では、計画を立て、それを確実に実行していくことが求められる。

しかし、自然の中での「計画」というのは、人為の傲慢さの産物だ。

未来を計画者の都合に合わせて設計するが、自然のダイナミズムに対して人間が自らの都合でそれを計画することは、自然を支配できるという誤解に起因している。自然は人間の都合ではなく、自然の都合で動いているに過ぎない。人間の存在など、自然の中では存在していないのと同じだ。

「とにかく、今はまだ衛星写真から判断できる材料しか手元にないから、現地に行ってみないと分からない。一番状況を知っているのは、やはり現地の人たちだから。この時期は、もうみんな海氷に狩りに出るから、キキクに着いた頃には状況は分かっているはずだよ。キキクに着いたところで、情報収集して、クライドリバーまで行けるか、行けないか、行けないのであれば代替案が作れるか、そこでまた考えよう」

メンバーたちには異論を挟むことができるほどの知識もないので、私に従うことしかできない。基本的に、彼らにとっては私が言うこと、行うことは常に「正解」だ。バフィン島の六〇〇㎞を一ヶ月ほどかけて歩く、という計画でここにやってきた彼らにとって、それ以外の選択肢があるとは思ってもいない。

彼らが、今回の旅の中でどれだけ「自分の旅」の手応えを感じることができるか。私が語る「正解」を無自覚に信じ、私の背後を何も考えずにただ付いてくる、というのでは、まったく「自分の旅」にはならない。自分なりに悩み、考え、何かの答えを発見していく、その過程を主体的に歩くことが「自分の旅」には重要だ。

私の存在が大きくなるほど、彼らは私に依存するだろう。

安全こそが最重要課題だと考えれば、ガッツリと私に依存させて、彼らを完全に私のコントロール下に置いて支配してしまうのが良いだろう。しかし、それでは彼らにとって旅ではない。

日本を飛び出て、北極圏という異世界に身を置き、その中で最近知り合ったばかりの仲間たちと、共同生活をしながら厳しい日々を繰り返していく。その行為には、どんな意味があるのだろうか？

意味は、行為の前には用意されていない。行為の前に用意された意味とは、計画と同じで「人為的な未来予測」である。

せっかく、人為の届かない北極圏という自然の中に身を置くのであれば、人為的な未来予測の射程距離の向こう側、彼らが思いもよらない領域に、彼らを連れていきたい。

全員を集めて私から話をした後、若者たちは部屋に集まり、もしキキクタルジュアクから先が歩けない時にはどうするか、それぞれに話し合ったようだったが、結論はまとまらなかった。

パングニタングへ

四月六日。天候が回復し、出発地となるパングニタングの村への飛行機が飛ぶという連絡がきた。

イカルイットからパングニタングまでは、定期便の航空路線が存在するのだが、今回の移動には定期便は利用せず、我々チームのためにチャーター機を予約した。

他の乗客と相乗りの定期便ではなく、一機を丸ごと貸し切るチャーター機を利用した理由はいくつかある。

一つ目に、極北部の村を繋ぐ飛行機は北に行くほど使用する機材が小さくなり、乗客と貨物のスペースも小さくなる。そのため、十四名の人間と、十四台のソリを確実に運ぶためには定期便では不安要素が大きい。

この地域の村では、日々の物資輸送は空輸に依存しているため、村で日常的に消費される食料や生活物資は、定期航空便の貨物室で輸送される。

例えば悪天候が数日続き、定期便の欠航が続くようなことがあると、乗客の荷物よりも村で必要な食料の輸送が優先され、乗客の荷物が後回しにされることがよくある。ソリのような大型荷物は、そのような事態で後回しにされる第一候補になる。「後回し」というのは予定の便では運ばれず、その次の便に回されるということだ。次の便というのも、うまくいけば翌日だが、数日待たされる可能性もある。私もこれまで、同じような状況で荷物を後回しにされ、受け取るのに数日待った経験がある。メンバーとソリを確実に移動させるには、定期便よりも我々専用のチャーター機を利用するのが確実だと考えた。

二つ目の理由として、定期便で十四名の人員とソリを運ぶよりも、一機をチャーターした方が安くなるという理由があった。

極北部の定期航空便はとにかく価格が高い。そこにソリの超過料金が加わった時にいくらになるか、事前に飛行機会社に問い合わせをし、同時にチャーター機を手配した際の料金も問い合わせてみた。これまでの経験で、問い合わせをする段階で「チャーターした方が安そうだな」という予測があったのだが、やはりその通りだった。

定期便を利用するよりも安く、確実に移動ができるということもあり、イカルイットからは、我々チーム十四名だけが搭乗するチャーター機でパングニタングに入った。人口一五〇〇人ほどのパングニタングは、イヌイットが住民の大多数を占める村だ。イカルイットからは、一時間もかからずに到着。私たちがチャーター機からソリを引き取り、空港を隔てる金網のフェンスを背に荷物の点検をしていると、どこからともなくイヌイットのおばさんがくわえタバコで現れた。

「どこまで行くの？　どこから来たの？」

同じ赤いジャケットに身を包んだ、十四人の集団は目立つ。メンバーの一人がおばさんに説明していたようだが、きちんと通じたのだろうか。

ここはイヌイットの世界であるが、カナダであるため公用語の英語を住人の全員が話す。元々の言語であるイヌイット語も現役で使われているが、子供の頃から英語で学校の授業を受け、英語の放送を見聞きして育っているため、イヌイットの全員が英語とイヌイット語のバイリンガルだ。

ソリを空港の建物の外に並べておき、みんなで昼ご飯を食べられる場所を探しに出た。

空港と集落は隣接しているため、歩くとすぐに住居やスーパーマーケットが現れた。スーパーにケンタッキーフライドチキンの看板が出ているのを発見し、これが最後の文明的な食事だなと言い合ってフライドチキンとバーガーを貪った。

午後からは、村にある国立公園の管理事務所で手続きを行った。

パングニタングの村から北上すると、そこはオーユイタック国立公園である。氷河が削った谷を抜けて北に進む私たちのルートは、二〇〇㎞先のキキクタルジュアクの村までの半分ほどが国立公園内となる。国立公園に立ち入るためには、事前に全員が管理官から説明を受ける必要があった。ゴミの処分方法、緊急時の対処法、公園内にある避難小屋の位置など、一時間ほどのレクチャーを受けた後に、十四名分の国立公園入園料を支払う。一人当たり一四七カナダドルだった。

必要な全ての準備を終えると、ソリを引いて村が面する海氷上に向かった。今夜は村の目の前でテントを張って一泊し、明日の朝にいよいよスタートをすることになる。

村の海岸線から二〇〇ｍほど離れた海氷上にソリを引いて移動し、二人一組でテントを張った。

イカルイットのトレーニングの時と比べ、全員がすぐに気がついたことがあった。

「海氷上に積雪がほとんどない」ということだ。

それが何を意味しているか。この辺りはあまり雪が降らない？　そうではない。地図で近辺の地形を眺めるとよく分かるのだが、パングニタングの村は大きなフィヨルド地形の途中にある。氷河が大地を削ったフィヨルドはバフィン島内陸に向かって続き、それが深い谷を形成して北に伸びていく。北に伸びるその谷のさらに先を見ると、バフィン島の内陸にある氷床が目に留まる。内陸に堆積した巨大な氷の塊である氷床で冷えた空気は重くなり、海に向かって勢いをつけて落ちていく。冷えた空気は谷を駆け下り、それが強風としてフィヨルド内を吹き抜けるため、雪は積もることなく吹き飛ばされてしまうのだ。

パングニタングとこれから向かうオーユイタック国立公園が、強風の吹き荒れる場所であることは事前に知っていた。ルート選定をする際に、友人のカナダ人冒険家にこの地域のことを尋ねた際にも「あそこは風が強い」ということを強調していた。

強風で最も懸念するトラブルは何かと言えば、テントの破損、具体的に言えばテントを支える金属製のポールが折れることだ。

現代のテントの主流である、金属製のポールを数本使用し、テントを自立させるタイプでは、耐風性を考えて作られているとはいえ、瞬間的に猛烈な風が吹くと金属製のポールがへし折られてしまうことがある。強風下で折れた金属ポールは、破断面が鋭利な刃物のような状態となり、風に煽られてテントの生地を切り裂いてしまう。強風下で修理することも不可能となり、風に任せて暴れるテントがズタズタになってしまう。

パングニタングに到着する前は、その風を懸念していたが、幸い、今日は風は弱く穏やかだ。

海氷上にテントを立て終わり、外で明日からの予定をみんなで話していると、我々が進む谷の方から三人組がそれぞれ小型のソリを引いて歩いてきた。

この時期、景観が美しいオーユイタック国立公園を冒険旅行する者が多い。私が彼らの姿を見た瞬間、これは北から歩いて来たグループだなと悟った。情報を聞くのにちょうど良い。

私が彼らに話しかけようとすると、髭面の三名は私たちがこれから谷に向かって歩こうとしていることを悟ったようで、開口一番にこう言った。

「いやー、谷の中でとんでもない風にやられたよ」

ノルウェーから来たという彼らは、続けた。

「キャンプ中に凄い風が吹いてきて、俺たちのテント、三張り全部ポール折られたよ。君たちも気をつけて」

ひとしきり彼らと話をした後に、若者たちに「彼らのテント、風でポール折られたらしいよ」と伝えると「えぇ、マジですか」と真顔になった。

これまで私は単独行で北極や南極を歩いてきたが、テントの予備というのは持たない。ポールは予備のパーツを持つが、テント自体は一つだけだ。仮に、テントに重大な損傷が発生すれば、雪のブロックを積んでイグルー（雪のドーム）を作って凌ぐしかない。もしくは、ソリ自体が人間が入れる大きさではあるので、最悪の場合はソリをシェルターとして使う可能性も考えている。

では、実際に遠征中にテントが使用不能になるような出来事があったかと言えば、実は一度だけあった。

二〇〇七年にカナダ北極圏の無人地帯一〇〇〇kmを単独行での踏破に臨んだ際、テント内で火災を起こしてしまったことがあった。その時の顚末は長くなるのでここでは書かないが、気になる方は私の著書『北極男』もしくは『考える脚』をご参照いただきたい。

今回も、やはりテントの予備は持っていない。しかし、毎日使っているテント自体が予備という考え方で対処するつもりだ。

総勢十四名の我々は、二人一組で七張りのテントを使用する。私が今回のために用意した山岳用テントは、カタログ上では「六名用」となっている。が、山岳用テントで六名用というのは、あくまでも「寝袋に入って六名が寝ることが可能」であって、六名が快適に過ごせる広さではない。

例えば、四畳半の和室でも、肩が触れるくらい詰めれば七〜八人は寝ることは可能だろうが、その人数で快適に生活できるかと言えばそうではない。六名用の山岳用テントであれば、二名使用だとかなりゆったり使えるが、広すぎるということでもない。が、いざとなれば四〜五名での生活も可能な広さである。

仮に、これから向かう谷で暴風に遭遇した時には、準備した七張りを全て使わずに、三張りだけで対処し被害を最小限に抑える、ということも想定していた。また、暴風下でテントを守るには、一張りを二人で対処するよりも、四～五名で協力して守った方がテントの損傷を抑えられる。

ノルウェー人の三人組の思いもよらぬ登場は、これから初めての極地冒険に臨むメンバーたちに良い刺激となってくれた。

四月七日。一晩明け、いよいよスタートの日となった。

寝袋の中で目を覚まし、テントから這い出てみると、すでに若者たちの数名が外にいた。村の子供たちが何人か、私たちに興味を持ったようでメンバーに話しかけていた。

私たちのテント村を見渡してみると、見慣れない二〇リットルほどの白いポリタンクが置かれている。

「あれ？　このタンクって何？」

子供たちと戯れるメンバーに尋ねた。

「さっき、イヌイットのおじさんがスノーモービルで持ってきてくれました。水が入ってるから使えって言ってましたよ」

これから私たちのキャンプ生活では、日々の水の調達は氷上の積雪が頼りだ。しかし、強風によって積雪がほとんどないパングニタングの海氷上では、飲水に使えるほどの雪がない。

これから出発するために、各々が保温用のポットにお湯を用意しておくのだが、その水は村に戻ってどこかでもらおうかと思っていたところだった。

狩猟に出れば同じようにキャンプ生活をするイヌイットたちにとって、私たちが飲み水の確保に困っているであろうことは、一目瞭然だったのだろう。見知らぬイヌイットのおじさんが、私たちのためにわざわざ水を運んできてくれた。

「空いたポリタンクはここに置いておけば、後で取りにくるって言ってましたよ」

基本的に、極北の住人たちは旅人に優しい。困っている人には惜しげもなく手を差し伸べてくれる。なんというありがたい贈り物かと感謝しつつ、水を使わせてもらい出発準備を整えた。

テントや寝袋など、装備の全てを各々のソリに搭載すると、整列して出発の写真を撮影した。

さあ、ここから六〇〇㎞の旅が始まる。

第三章

バフィン島の岩峰群をゆく

パングニタング〜キキクタルジュアク　二〇〇km

いよいよ始まる極地行

四月七日午前九時。

フィヨルドの奥に控える、深い谷から吹き降りてくる向かい風を受けながら、総勢十四名の隊は歩き出した。

海氷上は積雪が乏しく、氷がむき出しになっているのでソリの滑りが良く、荷物の重量感をさほど感じない。

各自が引くソリには、二〇〇km先のキキクタルジュアクの村に到着するまでに必要な物資を搭載している。十日か、かかっても十二日で着くはずだ。念のため、食料は十四日分をソリに用意している。

キキクタルジュアクの村で、オタワから空

背後の谷を北上して冒険の旅が始まる

輸しておいた食料の補給物資を受け取り、ゴールのクライドリバーを目指す予定だ。

ただ、キキクタルジュアクからクライドリバーまでの海氷に懸念はある。キキクタルジュアクに到着したところで情報収集を行い、進むかどうかの判断をすることにしている。

隊列は私が先頭になり、一列になって氷上を進んだ。二十五分ほど歩いて立ち止まり、五分ほど休憩をとる。

休憩はソリに腰掛ける者、スキーを履いたまま立って休む者、様々である。私もソリに腰掛け、ポットに作っておいた温かい紅茶を一杯飲み、ジップロックに収められた一日分の行動食を開いた。

行動食は、今回のために作成したチョコレートバー、ナッツ、ドライフルーツ、クッキー、飴などを一袋にまとめている。行動食だけで二〇〇〇kcalほどある計算だ。

休憩しながら、メンバーの様子を伺った。

池田と松永の女性チーム。最年少十九歳の池田は元気いっぱいだが、藝大生で運動経験が乏しい松永は、出発直後からソリ引きに苦労している様子が見えた。「大丈夫？」と声をかけると「大丈夫です」と答えるが、体力的な厳しさは一目瞭然だ。本人が徐々に慣れていきながら、あとは周囲のメンバーがどれだけ手助けできるかが問題となるだろう。

会社からの有給休暇が認められず、退職して旅に臨んできた花岡凌は、周囲に何かと気を配り動いている。準備中からも積極的に動く姿が見られた。自分のことだけでなく、周りを見る姿勢がある。その辺りは、社会人経験をそれなりに積んできた一日の長というところか。

リーダーの西郷琢也も周囲を見ながら頑張っている。が、やや空回り感も否めない。本人のやる気は満々だが、まだ状況に適応できていない様子だ。初日だから仕方ないだろう。頑張れ。

南極の調査捕鯨船で怪我をして、偶然私のことを知って参加してきた小倉はマイペース。周囲に合わせるわけでもなく、かといって乱すわけでもない。

彼は東京での毎月のミーティングに初期は参加していたが、その後しばらく姿が見えず、もう参加は諦めたのかな？と思い始めた頃に急に顔を出してきた。東京でのミーティングは、初期の夏から秋頃は単なる顔合わせの目的が大きく、話もそれほど遠征の核心に迫るようなものでもなかった。

十二月頃になると、北海道の合宿や装備調達の具体的な話が始まり、その頃に小倉はまた現れるようになった。私も途中で、小倉の存在を忘れかけていたのだが、再び顔を出すようになって「あ、そういえば彼、いたよね」と思い出したくらいだった。摑みどころのないキャラクターで、目立つわけではないが、要所にはいつの間にかいる、そんな存在だった。

飯島の役割

フィヨルドを北上していくに連れて、次第に両岸の谷が狭くなっていく。この谷底の風は常に強いようで、谷の斜面に雪があまり付いていない。強風で雪は吹き飛ばされてしまうのだろう。今夜のキャンプの飲み水を確保するのも大変そうである。

さて、積雪のあるキャンプ地が見つけられるかなと考えながら、出発から二時間ほど経った時だった。隊列の後方で「ちょっとストップー！」という声が掛かった。

何事かと思い進行を止め、ソリを外して後方に回っていくと「スキーのビンディングが壊れました！」という声が聞こえた。

見ると、元捕鯨船員小倉がスキーを外し、リーダー西郷を中心に数人でスキーを囲んでいた。

スキー板にブーツを固定するビンディングは、今回の装備のなかで最も故障の心配がある装備でもあった。

これまで私個人の冒険では、金属製の古いタイプのビンディングを使用してきた。頑丈で、故障も少なく、仮に壊れたとしても構造がシンプルなので直すのも簡単な物を使ってきた。しかし、今回は十四名という数もあり、現代的なプラスチックを主とした量産品のビンディングを用意していた。確かに壊れる心配はあったが、構造をよく眺めてみると、壊れたとしても針金や紐で修理できそうではあった。

ビンディングに関しては、準備段階から「壊れたらどう直すか」ということをメンバーたちにも伝えていたので、彼らもすぐに対処に動いていた。

「どう？　直りそう？」

そう尋ねると「大丈夫そうです。完璧ではないですけど、ちゃんと使えます」という返事だ。

「飯島君、針金出せる？」

西郷が声をかけたのは、世界一周経験もある元バックパッカーの飯島だ。飯島は、修理道具をソリに携帯し、装備の故障に対応する役目になっていた。

なぜ飯島が装備の修理係になったかといえば、飯島がメンバーの中で最も装備を派手に壊してきたからである。

飯島は、北海道の合宿の際に、今回の遠征用に特注したジャケットをド派手に破いた。合宿中のある日、屋外で活動中に飯島が私のところにおそるおそるやってきて言った。

「あの、なんか、ジャケットが破れているんですけど」

見ると、脇から腰にかけて、三〇センチほど大きくジャケットが裂けていた。

「はぁ!? 何で破れたの？ 何か引っ掛けた？」

そう聞いても、飯島は「いや、ちょっと分かんないっす」という返事。気がついたら破れていた、と言うが、意図的に力を込めて破かないと破れないだろう、という破れ方だった。もちろん、本人は意図的には破いていないのだが、本当に知らない間にジャケットを破いてしまっていた。

ジャケットは特注で人数分だけ制作していたので、その後、日本出発に間に合うよう、大至急メーカーに修理を依頼して間に合わせた。

合宿中から飯島の動作を眺めていると、基本的に道具の扱いが雑だった。フットワークが軽く、憎めない人間性なのだが、同時に調子も軽い。慎重な性格とは遠いところにいる男だった。

そんなこともあり、メンバーの中では「飯島」イコール「壊す」というイメージが定着していた。

ただ、人一倍装備を壊す、というのは同時に「直す機会」にも必然的に遭遇する。誰よりも壊す分だけ、誰よりも直し方を習得するという、奇妙な立場を確立しつつあった。

小倉のビンディングは飯島や西郷が応急処置を施し、キャンプ後にテントでしっかり修理を行うことにして進行を続けた。

初日は一六㎞進み、岸沿いに飲み水に使えそうな雪の吹き溜まりを見つけ、キャンプを設営した。装備の故障はあったが、皆のペースも雰囲気も良く、上々のスタートである。

河口を進む

二日目は朝から雪がチラついていた。

雲が重く垂れ込め、視界はぼんやりとしている。

フィヨルド内の海氷を北上していくと、左右の谷が次第に幅を狭めていく。午後には海から上陸。陸に上がるといっても、なだらかな地形でどこからが陸地であるか見た目では判別が難しい。陸と海の境を示す海氷の亀裂「タイドクラック」の存在が、ここから陸だと教えてくれる。

上陸地点は広い砂州になっており、地図を見ると海に向かって放射状に河が広がっていた。

この時期は当然、河に水は流れていないが、低い河底に雪が吹き溜まり、河岸の高いところは砂利や岩がむき出しになっていた。やや高いところに積雪がまるでなく、低い河底だけに雪が吹き溜まっているのも、常にここが強風であることを示している。

雪のない岩の上ではソリを引くことができない。無理矢理進もうと思えば進めないこともないのだが、砂利や岩はソリの底面に貼り付けたランナーを傷つけてしまうため、なる

小さな蟻のような隊列が河口から上陸し、河を縫うように進む

べく避けて雪の上を行きたい。河底に溜まった雪をつないで、なんとかフィヨルドの奥に進めないかと、迷路のような放射状の河を縫うように進んだ。

河底に沿って、雪の付いている箇所を探して進む私の後ろを、若者たちは黙々と追従してくる。

上空から見下ろせば、いま自分たちが広い三角州のような河口を縫うように進んでいることが分かるだろうが、地上でそれを想像することは難しい。私が進行を止め、ソリを外して周囲の偵察に行きながら「あっちだ」「次はこっちだ」と、行き先を変えている様子を「荻田さんは何処に行くんだろうか」という、怪訝な表情で眺めていた。

河筋は上流に進むにつれて細い支流が集まり、河幅も広がって迷うことがなくなっていく。二日目は、上流で河の水が広く露出して凍結した箇所を見つけ、キャンプをすることにした。相変わらずまとまった積雪が乏しい谷底なので、河の水が確保できるのはありがたい。

積雪のない、薄緑色をした河の氷にテントを張る。強風で雪がなくペグが打てないので、周囲から大きめの石を集め、テントの周囲を補強し、張り綱を固定させた。

凍った河の表面をナイフで砕き、キャンプ中の飲み水を確保してテントに入った。

私自身、これまで何百回も繰り返してきた極地での習慣的な所作で、まずはストーブに火をつけ、着用している靴下や帽子を脱ぎ、すぐにテント内に吊るして乾かす。その間に、鍋に先ほど砕いた氷を敷き詰め、行動中に飲むポットから、少しだけ残しておいた紅茶を鍋に注ぐ。この呼び水が少量あるだけで、雪や氷が解ける速度は格段に早くなり、結果的に燃料を節約できる。

火を焚くとテント内はグッと暖かくなる。夕食用のお湯が沸くのを待ちながら、地図を広げて明日のルートを確認した。

谷を奥に進むに連れて、次第に標高が高くなっていく。南北に伸びる谷の中央部、ここから五〇㎞ほど北上したところに湖が二つある。標高四〇〇mほどの二つの湖が分水嶺になっているようで、北側の湖から流れ降りる河に沿って、谷の向こう側の海に出る。湖までの二日間ほどが、強風に遭遇する可能性が高いはずだ。

今のところは風はなく、安心してキャンプができている。さて、もしも今夜のうちに強風が吹き始めたら、どうやってやり過ごそうか。テントは七張り全てを立てているが、どのテントを潰してどのテントに人を集めるか。他に考えられるリスクは何か？　この時期、出産を終えたホッキョクグマの母親が、陸地に作った巣穴から海に出ていく時期である。この地域はホッキョクグマが多いため、生まれたばかりの子供を連れた母グマと遭遇するかもしれない。谷をどこまで進んだら、緊急時にはパングニタングに戻るか、もしくはそのままキキクタルジュアクを目指すか、地図を見ながら、起こり得る事態を想定して様々な状況を考えていた。

北極のスクリュードライバー

テントの同居人である写真家の柏倉は、まだ外で若者たちのテント設営風景を撮影しているようだった。が、ずいぶん長いな。もうテント設営なんて、とっくに終わっているはずだが。

テントの中では、ガソリンストーブの燃焼音が大きく、テントの外の音がよく聞こえない。外では何が行われているんだ？と気になり、ストーブの火力を落として聞き耳を立ててみると、若者たちの賑やかな話し声が聞こえる。それも、だいぶ楽しそうな、オクターブ高めの話し声だ。

聞き耳を立てていると、テントの外から声がした。

「荻田さん！　ちょっといいですか！」

リーダー西郷の声だった。

「いいよー」と返すと「失礼します！」と言って、西郷がテントの入り口を開けた。

「スクリュードライバー、北極バージョンです！」

そう言って、西郷が差し出してきたのは、河の氷を削って作ったグラスに入った、ウォッカとオレンジジュースを混ぜたカクテル「スクリュードライバー」だった。

どうやら、テントを立て終わった後に、氷を削ってみんなで遊んでいたらしい。

まだまだ二日目、体力は有り余って元気がある。が、随分と浮かれている。まあ、その気持ちも分かる。自分も初めて北極に行った時は、高揚感や物珍しさもあって浮き足立っていたと思う。まだまだ、彼らの目に映るものは全てが目新しい。

今ここで「オメーラ！　気合が足んねーんだよ！」なんて言ったところで仕方がない。何を叱られているかも理解できないだろうし、楽しい気持ちに水を注すことはないだろう。まあ、楽しい気持ちもそれほど長続きはしないはずだ。環境には慣れてくるし、単調な日々の繰り返しで楽しい気持ちから別の気持ちに移行する段階が来るだろう。

すぐに私は話を合わせて氷のグラスを受け取り、シャーベット状になっているカクテルをスプーンで掬って飲んでみた。というか、ウォッカなんて持ってきていたのか、という感想だったのだが、その辺りの個人的なものに関しては特に制限もしていなかったので、自由としていた。

溶けかかったかき氷をスプーンで掬って食べるような具合だ。

「うわっ！　冷てぇな！」

というストレートな感想を述べると、西郷やその背後にいる若者たちはケタケタと笑い声を挙げていた。

バフィン島のトール山

夜半頃、寝袋の中で異音を聞いた。

眠りの彼方、意識の片隅で異音を感じ、目を開けると、テントの外は真っ暗だ。この時期は、まだ暗闇の夜の時間は長い。

寝袋の中で耳を澄ますと、遠くの方で何かが崩れるような大きな音が響いた。おそらく、山の上のどこかの氷河が大きく崩落した音だろう。ドドド、という重低音が谷を反響するように聞こえてきた。必ずしも大きな音でもない氷河の崩落音に目を覚ましたことで、私自身の五感のセンサーが研ぎ澄まされていることを実感した。

翌朝、朝食を済まし、出発支度を整えて全員がソリを引く態勢で集合したところで試しに聞いてみた。

「いやぁ、夜中に凄い音がしたけど、誰か気付いた？　氷河の崩落音だと思うんだけど」

そう言うと、全員が怪訝な顔をしていた。誰も気付かなかったようだ。

あの凄い音が気付かないのか、という少々の驚きもあったのだが、まあ、それはそうかと出発した。

先頭を私が進み、その後ろを若者たちが付いてくる。

谷はその幅を狭め、川の様子は昨日までの砂州を流れる平坦地ではなく、明確な斜度が付いている急流のような地形に変わった。

大きな岩が急流に散らばっている斜面を、スキーを脱いで登っていく。背後のソリが重く感じる。急な斜面では、女性メンバーのソリを男性メンバーが手助けして引き上げる。

一時間ほど登り、谷が東に方向を変えたところで視界が開け、小さな湖が現れた。地図を見るとWindy Lakeという表記がある。日本語にすれば「強風湖」というところか。

谷の両岸上部を見上げると、大きな氷河が迫り出していた。地図を見ると、その氷河の先には巨大な氷が一面に堆積した氷床があるのが分かる。広い氷床で冷やされた空気が、低いところに向かって落ちていく時に強風が発生する。氷河が風の通り道となるため、氷

夏には急流になるであろう斜面を登って行く

河の出口にあたるWindy Lakeは強風の通り道になっているようだ。一番キャンプをしてはいけない場所だろう。

朝のうちは谷を低い雲が覆っていたが、午後になると雲の切れ間から太陽が光を差し始めた。

岩の回廊のような谷の先を見ると、急峻な岩峰群の先に、オーユイタック国立公園の象徴的な存在である、トール山が見えてきた。

一万年ほど前の氷河期まで、この地域にはローレンタイド氷床が存在していた。

現在の南極大陸やグリーンランドのように、長い年月をかけて雪が堆積し、厚さ三〇〇〇mを超えるほどの氷が北米大陸の大部分を覆い尽くしていた。それがローレンタイド氷床だ。氷河期が終わりを迎え、地球が温暖化していくに従って氷床は急速に姿を消していった。今でもバフィン島に残る氷床は、当時の残りのような氷たちだ。

我々が歩いているバフィン島も、かつては分厚い氷の下にあった。氷の下で山は削られ、現在の急峻なフィヨルド地形を形成した。

視界の先に見えてきたトール山は、まるで巨人が岩山を巨大な包丁で縦にスパッと切ったような、一〇〇〇m以上もの垂直岩壁を持つ岩山だ。かつて、氷床が厚く存在していた頃に削られた岩山であり、バフィン島の象徴的な存在でもある。

岩山と氷河の回廊の先に、雲の合間からトール山が姿を見せると、誰もが足を止めて仰ぎ見てしまう。そんな迫力を持つ大岩壁だ。

三日目はやや早めに行動を切り上げ、トール山の全体像を見上げる岩壁の下に、キャンプを設置した。

幸いに今日は風があまりない。日差しも出てきて、テントの外にいてもあまり寒さを感じない午後だ。

行動を早めに切り上げたこともあり、夜まで時間がある。各自、自由時間とした。

藝大生の松永は、ダウンジャケットを着込み、テントの中で使うマットを外に広げ、その上に座ると、スケッチブックと色鉛筆を取り出し、目の前にドカンと聳えるトール山に向かい始めた。藝大では日本画を専攻しているという彼女は、日本での準備中から「機会があったら絵を描いて良いですか？」と私に尋ねていた。私は「是非描いて」と、彼女には絵を描くことを強く推奨した。

写真技術が登場する以前の探検において、記録は絵を描くことが主流だった。かつての探検には、科学的な知見を広げるという目的もあったため、その土地の様子、動植物のスケッチ、民族の記録などを絵にするのは、探検においては重要な目的があり、探検隊の多くには画家が同行していた。

写真を撮る、絵を描く、それらはきっと、通り一遍に風景を眺める以上に、対象との関係性を深く築いてくれるはずだ。彼女が絵を通して、北極に向き合っていく様子が楽しみだったし、北極冒険という、マッチョな響きの中に文化的な香りを持ち込んでくれることが、きっとチームに良い作用を及ぼしてくれるような気がしていた。

トール山と絵を描く松永

防寒を整えた松永が絵を描き始める隣で、法政大学生の安藤がその様子を見ていた。

他のメンバーたちは何をしているんだろう？と見渡してみると、男たち数人が集まって何やらまた騒いでいる。

今度は何かと思い様子を見に行くと、メンバーのうちの二人（あえて誰とはここでは書かない）が、今回の北極冒険に参加する少し前に派手な失恋をしており、その禊《みそぎ》の儀式をトール山の麓でやる、ということらしい。

日本出発前からその失恋話を聞いていたので、好きにさせておいた。まあ、とにかくギャアギャアと騒がしい。キャンプ地から三〇〇mほど離れたところで何か行ったらしく、みんなで爆笑しながら戻ってきた。

トール山にスケッチブックを携えて向き合う松永は、男たちの浮わついた雰囲気とは一線を保っている様子があった。

最も体が小さく、運動経験も乏しい美大生。日中のソリ引きも明らかに辛そうであるが、口からは「辛い」「疲れた」という言葉が一切でない。淡々と、心の中に青白い炎のようなものを抱えて、気分的な浮き沈みを見せずに歩いていた。

色鉛筆で彼女が描き上げたトール山は、流石のデッサン力で見事な大岩壁が表現されていた。

ペプシコーラと嬌声

翌日、朝は霧がかかったような、重たい空気が谷を覆っていた。

霧にかすむトール山の大岩壁を右手に見ながら、凍った河を一列に連なって進んでいく。時折、雲の切れ間から凍った河に太陽光が差し込む。

夕方、谷の最高地点と思われるサミットトレイクに着いた。ここまでくれば、暴力的な強

北欧神話に由来した名前を持つ山に囲まれたキャンプ地

風の可能性は随分と減ってくるはずだ。懸念事項の一つだった暴風に遭遇しなかったのは運が良かった。

その日の夜のキャンプ地は、私がこれまで北極圏各地でキャンプしてきた中でも、最高度に美しい場所だった。

谷の左右の上部には氷河が迫り出し、鋭く直線的に削られた岩山が周囲を覆っている。やってきた方向を見ると、トール山の特徴的な垂直岩壁が見えている。

陽が沈むと、谷がオレンジ色から次第に紫色に染まっていく。空に星が出始めた頃、緑色のオーロラもゆらゆらと現れた。

そんな美しいキャンプ地で、いつも通りに

一日の終わりの作業をテント内で行う。衣類を乾燥させ、雪を溶かしてお湯を作り、夕食を食べ、地図に向かって明日の行動を考える。これから先のルートを確認しながら、日数の計算、距離の計算、もし事故が起きた時の対処方法、それらを頭の中で何度も確認していた。

メンバー全員の安全は、私の判断に委ねられている。ここはテーマパークではない、野生の世界だ。

パングニタングを出発した時には、気温は氷点下七度と随分暖かかった。しかし、谷を奥深くに入り、標高も高くなったことで、温度計を見ると現在は氷点下二〇度を示していた。バフィン島の北側に出れば、これから気温はもっと下がってくるだろう。

夕食を終え、インスタントコーヒーを飲みながら、テント同居人の柏倉と話をしていた。「いやー、荻田さん、コーヒーが美味いですねー」と、柏倉はやたらと感動していた。柏倉は、何を食べても「美味い」と言う。同じものを一緒に食べている私としては「いや、そこまで感動するほどか」と思うことが多々あるのだが、写真家としての豊かな感性が研ぎ澄まされているのか、それともただの味音痴なのか、どちらかよく分からないのだが、その度に「そうだねぇ」と話を合わせた。

コーヒーを飲みながら、地図を眺める私を柏倉は写真に収める。

そろそろ、今日の日記を書こうかと、ノートとペンを取り出すと、またもやテントの外が騒がしいことに気付いた。

「また何かやってるな」

私の問いかけに、柏倉は「みたいですね」と答えた。

今日は何をやって騒いでいるのかと思い、ダウンジャケットを着込んで外に出てみた。

陽も沈み、暗くなりかけたテントの周囲で、男メンバーたちが黄色いダウンジャケットに身を包み、一箇所に集まって楽しげに騒いでいた。

「ペプシが！　ペプシが！」

そんな声が聞こえてきた。

どうやら、出発のパングニタングのスーパーで、缶のペプシコーラを買ってきたメンバーがいたようで、ここでコーラを開けたらしい。

氷点下二〇度でコーラが完全に凍っているかと思いきや、糖分が高いと凍りにくくなるという物理的な作用で、コーラが完全に凍っていない。が、缶の中で凍ったところと凍っていないところで分離しているようで、開けた瞬間にブシュッ！と凍っていない、糖分の高いコーラが吹き出した。

「うわ！　マジかよーー！　ぎゃははは！」

缶を開けた大和田が笑う。「手がベトベトなんだけどー」と騒ぐ手元から、吹き出した高糖度のペプシコーラが雪の上に溢れた。その雪を誰かが掬って舐めてみる。

「うわ！　甘ぇ！　なんでこんな甘いの！　ちょっと食べてみ！」

そう言って、みんなに促した。その言葉に興味を持った男たちが、雪に染みたペプシに群がった。

「ウソ！　なんか違うの？　うわ、ホントだ！　甘い！」

甘い！　なんで⁉　ぎゃははは！という馬鹿騒ぎが静寂の谷に響いた。

その騒ぎを少し離れた場所から見ていた私は、呆れつつ、脳内のほんの少しの領域でピキッとキレつつ、あくまでも冷静に眺めていた。

この谷の山には、トール、アスガルド、オーディンなど、北欧神話に由来した名前が与えられている。神話の世界に違わない、美しい山々に包まれた谷は、鋭い寒さの底に沈んでいる。人間の時間からは想像もできないほどの、長い年月を経過することで初めて形成されたこの景色は、荘厳で、美しく、迫力をもって私たちに対峙している。

そこに、ペプシ連呼のバカ騒ぎが谷にこだまする。

緊張感は皆無だ。遊園地やテーマパークなどで、氷点下四〇度の体験施設、みたいなものがあるが、その中ではしゃいでいるのと変わらない。

その様子を見てテントに戻ると、柏倉に言った。

「あいつら、いずれ刺してやるから、まあ、放っておこうか」

「楽しいんでしょうね。荻田さんに任せます」

「まだ我慢するけど、でもまあ、あのナメた感じは頭にくるな」

メンバーたちは、全員が自主的に志願して集まってきたメンバーたちだ。私がこの旅に対しては募集もかけず、行われてもいない募集に主体的に参加を申し出てきた、やる気のあるメンバーたち。

しかし、実際に日本とは異世界の北極に身を置き、連帯感の生まれつつある仲間達と一緒にいると、気分は高揚し、その気分に流されるように楽しさばかりが優先する。イカルイットでのトレーニングでは、初めての海氷上での行動で緊張感があったが、出発四日目で、もうすでに慣れ始めて緊張感が失われている。

どこかのタイミングで、この浮わついた雰囲気に釘を刺す必要があるだろうが、まだその時期ではない。

楽しい気持ちに流されていることとは、彼らに自覚がない。自覚のないことで叱られたところで、何を叱られているのか理解はできないだろう。しばらくは放っておいて、来たるべきタイミングで効果的な釘を劇的に刺すことが重要だろう、そんなことを考えていた。

四日目で出発から六五km歩いてきた。次の村である、キキクタルジュアクまであと一三〇km。キキクタルジュアクから、ゴールのクライドリバーまでは四〇〇kmの無人地帯が続く。最大で、半径二〇〇kmの無人地帯に進入することになる。村から最も遠く離れる瞬間が、潜在的なリスクが最大になる瞬間だ。事故が起きても、村からの救助に時間がかかり、自力で村に到着するにも時間を要する。

北極という環境では、村を一歩出ればもう野生の世界だ。というか、野生の世界の中に便宜的に人間が寄り集まる集落を作った、というだけに過ぎない。いつでも、どこにでもリスクは潜んでいる。

私はこれまで二十年間の極地冒険で、失敗も成功も様々に経験してきた。何を恐れ、何を恐れる必要がないか、身体的に理解している。しかし、彼らにはもちろん、そんな理解はない。私にも、最初の北極行の時にはなかった。だからこそ、彼らの気持ちはよく分かる。どこかのタイミングで、必ず私の言葉が彼らに届く時が来るはずだ。いま口うるさく「集中力が足りない！　それでは危険だ！」と、私が正解を言ったところで、そんなものは、今の彼らには馬耳東風である。

大事なのは私が正解を言うことではなく、彼らの耳がしっかりと私を向くタイミングを見逃さないことだ。そのタイミングは、今ではない。

現れてきた緊張感の欠如

五日目からは、標高四〇〇ｍほどの分水嶺を越えて、谷を北に向かって下っていく。

遠くに、トール山と並んでこの地域の象徴的な山、アスガルド山が見えてきた。山とい

円柱状のアスガルド山を見上げながら隊は進む

うよりも、巨大な円柱の岩だ。どういう作用であのような形になるのか、不思議で仕方がない。谷から見上げるとゴツゴツとした山群の中に、花崗岩のすべすべとした綺麗な円柱が聳えている。標高は二〇〇〇mを超える、巨大な岩山だ。

それからも毎夜、男メンバーたちは夕食が終わるとどこかのテントに数人が集まり、遅くまでお喋りが続いた。その瞬間の姿を見れば、大人の遠征隊ではなく、大学生のサークル旅行のようなノリだ。しかし相変わらず、私はそれらについては一言も、何も言わずにいた。

七日目。懸念していた谷での暴風には出会

うことなく、北側の海に出た。

体力的に厳しい、藝大生松永の荷物を、リーダー西郷が中心になり、数名の男メンバーが分担して持ってやっていた。彼らは、周囲が見えていないわけではない。仲間を思いやる気持ちも、姿勢もある。しかし、ゴールへの推進力を結集するチームの姿とは、まだまだ程遠い状況にあった。リーダーの西郷は、チームを牽引するまとめ役になっていく必要があるが、孤軍奮闘するばかりで周囲にその努力が伝播していく様子はなかった。

そして、現状の問題は緊張感の欠如だ。

全体の雰囲気に、イカルイットで初めて海氷に出た時のような緊張感がない。隊全体が、一つのまとまりとして、前進していくことに全員が責任感を持ったチームになってほしいが、まだまだその道は遠い。

谷が次第に幅を広げていくと、全体的な地形から河口だと推測できる場所にタイドクラックを発見した。ここからが海だ。

谷を抜け海に出たことを実感すると、一つの区間をやり切ったような達成感を覚える。

全員の顔が、晴れやかな表情になった。

河口の岩場には、真っ白なライチョウが八羽寄り集まっていた。今回の旅の中で、初めて見つけた野生動物だ。ここから先、バフィン島北岸に出るとホッキョクグマには必ず出会うだろう。キキクタルジュアクとクライドリバーの間の広いホーム湾は、有数のホッキョクグマ生息地でもある。

海に出てしばらく進むと、視界の先に巨大な氷山が現れた。遠くに見えるが、歩いても歩いてもなかなか近付かない。こういう場所では、遠くの対象との遠近感や大きさのスケール感が摑みにくい。

発見から一時間以上歩き続け、やっと近付いてみると、大きなテーブル状の氷山だった。海氷から高さ二〇mほどが露出し、長さ一〇〇mはありそうだ。

ソリを外して氷山に近付いてみると、砕けた氷山の氷が海氷上に散らばっていた。海氷に閉じ込められた氷山に近付くには、いくつか注意点がある。まずは、氷山の一角という言葉がある通りで、水面から露出している氷は全体のごく一部で、その七、八倍が水面下にある、ということ。すると、海流で海氷の下の氷山が押され、それに連鎖して氷山周囲の海氷が動いて割れる。周囲の海氷が薄くなっていることが多く、うっかり近付くと薄い氷を踏み抜いて海に落ちることがある。

また、そのような薄い海氷を利用してアザラシが呼吸をすることが多いため、ホッキョクグマは大きな氷山の周辺でアザラシを探そうとする。つまり、氷山の近くではホッキョクグマに遭遇する可能性も高くなる。

他には、テーブル状の垂直な氷山では、氷の塊が落ちてくることがあるので、頭上も注意が必要だ。

慣れていれば、敢えて氷山に近付くことはないのだが、せっかくこんな場所に来たのであれば、若者たちにも近くで氷山を見せてやろうと、注意してすぐ近くまで寄ってみた。

足元に散らばる氷山のかけらを手にして、みんなに説明する。

「ほら、よく見てごらん。氷の中に気泡がたくさんあるでしょう。太陽にかざすとさらによく見えるよ。氷山って、氷河から切り離されて海に流れ出た巨大な氷だけど、元は雪だから、その雪が降った時の空気が一緒に閉じ込められているんだよね。何千年前か、何万年前か分からないけど、この気泡はその時の空気だよ」

氷山のかけらを集めて飲み水に利用した

私がその氷をガリッと齧って食べてみると、みんなも真似をして食べ始めた。

「いつもはキャンプの飲み水は雪を溶かすけど、今日はこの氷をできるだけ拾っていって、これを溶かして食事に使おうぜ」

私は、ここから先には行かないで、頭の上には注意して、と若者たちに指示を出し、ひとしきり氷山の氷を拾った。

夕方、男性メンバー最年少、大学生の三浦が足の異常を訴えてきた。

高校時代にバスケットボールをやっていた三浦は、左足首の靭帯を損傷した経験があり、疲労が蓄積してくると靭帯の抑えが効かなくなり、足首をまっすぐ着いて力を込めることが難しくなっていた。出発前にそれを聞かされてはいたのだが、七日目の夕方でその症状が出てきたようだった。スキーを履いて歩く姿を見ていると、左足を付いた瞬間に足首がぐにゃりと外側に曲がってしまう。

「痛みはないの？」

そう尋ねると、痛くはないが、力を込めてまっすぐ歩くのが難しいという。今後何らかの対策を考えないといけないだろう。

メンバーたちの個性

翌日はフィヨルド地形を抜けて、次第に外海が開けてくるようになった。

この辺りは積雪が多く、足元の雪が深く柔らかい。島の氷床から雪が吹き降りて、ちょうど溜まるところなのだろう。

天気が良く、日差しが強くて暑さすら感じる日だ。開けた海氷には、遠くに氷山がいくつも点在しているのが見えた。

夕方、初めてホッキョクグマの足跡を発見した。かなり新しい、二頭の子グマを連れた母親の足跡だ。

「大きさからして、生まれたばかりの子供と母親の足跡だね。母グマはさ、冬の初めに陸上の雪の吹き溜まりに穴を掘って、その中で子供を産んで、ある程度子供が大きくなってこの時期に穴から出てくるんだよね。その間、何ヶ月も母親は何も食べずに子供を育てているから、お母さん空腹で早いところ海に出てアザラシを食べないといけない」

メンバーの誰かが質問してきた。

「ホッキョクグマが襲ってくることはないんですか？」

さて、ここでビビらせることもできるが、それで緊張感を持たせてもあまり意味がない。消極的な恐怖感で緊張するよりも、積極的な姿勢で集中してほしい。

「まあ、人間を食料だと思って襲ってくることは、まずないかな。我々がアザラシの肉でも持ち歩いていれば、それを目掛けてくることはあるだろうが、そういう、ホッキョクグマが好きそうなものは持たないようにしているから。でも、中には気が立ってる雄のクマなんかもいるから、それは注意が必要だよ」

次第に、メンバーたちの個性が発揮されるようになってきた。リーダーの西郷は、最後尾について体力的に厳しい松永を何かとフォローし、困っているメンバーがいると前に後ろにと動いている。

会社を辞めて参加してきた花岡も、周囲をよく見ている。最年少の池田未歩が、昨日から足のマメが痛いと訴えてきていた。私のテントにマメが痛いがどうしたら良いかと相談に来たので、針で潰した後に絆創膏やテーピングで皮が剝けないようにと教えてやった。花岡は、そんな最年少の池田の面倒をよく見て助けていた。

「未歩ちゃん、俺の妹と同じ歳で、なんかほっとけないんですよねぇ」と言う。

花岡と一緒のテントが、最年長の編集プロダクション勤務の市川。彼は、自分自身が体力的にも周囲に劣っていることを自覚しているようだった。自分ができることを間違いないように、着実にやろうという姿は好感が持てる。無理をせず、手も抜かず、コツコツ真面目に物事を進めるタイプのようだった。

最初に参加を志願してきた諏訪と、フリーターの小菅のテントは、日本との連絡通信係として、毎晩の定時連絡を行なっている。通信は、衛星携帯電話のイリジウムを利用している。日本で留守番を預かる、私の幼馴染でもある事務局の栗原に一日の進行状況を連絡し、それを栗原がウェブサイトなどで報告する。

ペプシを持ってきて大騒ぎしていたフリーターの大和田は、口を開けば食べ物のことばかりを話す。「キキク（タルジュアク）に着いたら、スーパーで絶対にソーセージ買いたい」「もっとバターをたくさん持ってくればよかった」と、彼の心配事の九割は食べ物のことのようだった。

大和田とテントを共にするのがリーダーの西郷。

装備をよく壊し、そしてよく直す飯島は、大学生の安藤と組んでいる。安藤は、喜怒哀楽を表にはあまり強く出さないタイプ。身長が高く、どこにいても存在は目立つが、性格的には一歩引いている感じだ。

元捕鯨船員の小倉は、男性最年少の三浦と一緒のテントである。

イヌイットとスノーモービル

九日目。キキクタルジュアクまであと五〇㎞と迫っていた。うまくいけば、今日と明日の二日で辿り着ける距離ではある。

深い積雪に苦労しながら、村を目指した。

村が近いこともあり、キキクタルジュアクからやってくるイヌイットのスノーモービルと何台か出会った。カナダ北極圏では、イヌイットたちの移動手段はもっぱらスノーモービルだ。昔ながらの犬ぞりは、限定的に利用されることはあるが、日常的に使う人はもう存在しない。犬ぞりがまだ現役で使われているのは、グリーンランドの最北部のみだろう。

これからライチョウを撃ちに行くんだ、というおじさんが通り過ぎ、その次に二台のスノーモービルがやってきた。

彼らは我々を見つけるとすぐ脇に停車した。若い二人組のイヌイットが、先頭にいる私に声をかけてきた。

「キノヴィッチ」

そう言って右手を出してきた。キノヴィッチとは、英語で言えばwhat your name? イヌイットの世界では、よく使われるイヌイット語の挨拶である。私が「オギタ」と答えると、彼は「レイモン」と名乗った。

「明日、十人のグループを国立公園の入り口までスノーモービルで送る予定で、その偵察に行くんだ」

レイモンは英語でそう続けて言った。

我々が出発する時に、パングニタングで三人組のノルウェー人と出会ったが、彼らも国立公園を北から南に向けて歩いていた。ここでは、キキクタルジュアクを出発地として、北から歩くのが一般的のようだ。また、キキクタルジュアクからは、国立公園の入り口にあたるフィヨルドの奥までの七〇㎞を、スノーモービルで移動するらしい。景観の良い国立公園内を楽しむ冒険ツアーであれば、海氷上に時間を使うのはもったいないので、フィヨルドの奥までさっさと移動してしまうのだろう。

「この先の海氷で、危ないところはあるかな？」私はレイモンに尋ねた。

「この次のフィヨルドの入り口あたりは、毎年早く溶け始めるから、近付かずに大きく回っていった方がいい。俺たちが通ったスノーモービルの轍があるから、それに沿って行くといいよ」

私が準備期間を通して確認してきた、衛星写真や科学的なデータから見える北極の姿は、ごく一部でしかない。現場の本当の姿は現場に来ないと分からないし、一番北極の環境を理解しているのは、ここに住んでいる彼らなのだ。

これまで私も何度も北極の各地を訪れ、たくさんの冒険家たちに出会ってきた。事故を起こしたり遭難死を遂げる例も見てきた。その中には、明らかにイヌイットたちに対するリサーチ不足、現場に住んでいる彼らの知見を聞こうとせずに起きた事故、というものもあった。

私は、ここに住んでいる彼らの意見を尊重しようと心がけている。が、その一方で自分自身で判断できる能力も磨きたいと思っている。長年にわたって、現場を自分で体験し、観察を行い、科学的なデータを吸収し、そしてイヌイットたちの話を聞く。科学的なデータ、住人たちの主観、違った視座から北極に向き合っていくことで、多面的な北極が見えてくる。その果てに、ようやく自分で考える力が鍛えられていくはずだ。

最近では、イヌイットたちが事故を起こす例もよく聞くようになった。犬ぞりが万能だと言うつもりはないが、やはりスノーモービルに移動手段が変わったことで、イヌイットが起こす事故の種類はこれまでと変わるだろう。

イヌイットたちが犬ぞりで旅をしていた頃と違い、スノーモービルになると何が変わるか。まず第一に、単純だが移動速度が違う。犬ぞりでは、荷物を積んで走っている時には時速七～八㎞。どんなに速くても時速一五㎞といったところだろう。自転車で走るくらいの速度だが、スノーモービルでは時速四〇㎞や五〇㎞は出てしまう。

自転車が自動車に変わったようなものだ。当然、速度が増せば事故は増える。ちょっとした海氷の段差などで横転して事故になる。また、北極に住んでいるイヌイットとはいえ、うっかり危険な海氷に踏み込んでしまった時に、速度のあるスノーモービルでは急に止まることができない。

犬ぞりというのは、犬の一頭ずつが高性能センサーのようなもので、足元の海氷が危なそうだなと感じれば、犬も身の危険を察知し止まってくれる。高性能安全装置付きの原動機だと言える。しかし、高速移動のスノーモービルでは、操縦者が危険だと思った瞬間にはすでに危ない箇所に突入しており、止まれずに薄い海氷を踏み抜いてしまう、そんなことがある。

スノーモービルでは、ベルトが切れた、サスペンションが壊れた、エンジンが壊れた、など部品の一箇所が壊れただけで走れなくなるが、犬ぞりでは十頭のうちの一頭が走れなくなっても、問題なく移動できる。スノーモービルでは、ガソリンがなくなれば走れなくなってしまうが、犬ぞりの燃料である食べ物は、アザラシなどの野生動物。なくなれば、周辺で供給することが可能だ。

さらに、犬たちはホッキョクグマの襲来に対しても吠えて対抗してくれるという、高性能早期警戒装置でもある。さらにさらに、ホッキョクグマ狩りを行う際には、新しい足跡を見つけると、匂いを頼りにホッキョクグマの行方を追いかける、高性能自動追跡装置でもあるのだ。

「アザラシ狩りに出た時に、スノーモービル壊れちゃってさぁ、村まで一〇㎞以上歩いて帰ってきたんだよ」なんて冗談ぽく話すイヌイットには、何人も会ったことがある。

そのため、最近のイヌイットは人工衛星経由の発信機や、衛星電話を持つ者が多い。村から遠く離れたところでスノーモービルが故障した時に、村に救助要請をするためのバックアップである。そうやって救助要請して、助けられたイヌイットも目の前で見たことがある。

先住民の世界というと、自然とともに豊かな知恵で生きている、というロマンチシズムで語りたくなるが、多くの場面で古来からの知恵は科学技術に置き換えられているのが現実だ。

かつてのイヌイットたちは、高度の空間認識力を持っていた。まだ彼らが地図を持っていなかった時代、西洋の研究者がある土地に住むイヌイットに対して、自分たちが住んでいる地域の概略図を紙に書き起こしてもらったところ、実際の地図と極めて酷似した地形図を描いたという。

イヌイットの有名なモニュメントに「イヌクシュク」というものがある。石を積み上げて、人間の形にしたものだ。今では、実用性のないモニュメントとして展示されるものになっているが、かつてイヌクシュクはナビゲーションに使われていた。

海氷上だけでなく、陸上においてもなだらかな地形が多く、目標物の乏しい地域においてそれは移動の目印にされた。人型に石を積み上げたイヌクシュクの股の間から先を覗くと、遠くに次のイヌクシュクを発見できるようになっており、それを繋いでいくと視界の悪い中でも目的地に到着できる、そんな使い方がされていたという。また、特徴的な丘の

イヌクシュク

上や、自分の拠点となる小屋の近くに目印として石を積む、それは今でもよく行われている習慣だ。

人型に積まれたイヌクシュクに関しては、いまの時代、移動の目印として使っている人はいない。

カナダ北極圏では、すでに狩猟主体で生きているようなイヌイットは、ほぼ存在していないだろう。そうなれば、古くから伝えられてきた狩猟の知恵は継承されなくなる。ナビゲーションは多くの場面で、GPSなどの近代的な手法に置き換わっている。

ただ、イヌイットは今の時代にあっても事あるごとに、特に目的もなく石を積む。そこにあるのは実用主義的な合理的思考ではない。一人のイヌイットにつながる膨大な過去の蓄積と目の前にある自然が、彼をもって石を積み上げさせるだけのように感じる。石がある、一人のイヌイットがそこにいる、だから積む、それだけな気がする。

それが、民族の魂のようなものではないか。

石はイヌイットによって積み上げられるが、イヌイットは自然に促されるように、石を積む。その気持ちは、私も彼らと一緒にこの世界で生活していると、よく分かる時がある。村から離れた狩猟小屋で彼らと一緒に生活をしていると、木も生えず、突出した高さを持つものが見当たらない丘陵地の中で、そこに積んだ石が自分自身の存在証明のように感じるのだ。

実用的なイヌクシュクの使用はすでになされていないが、古い知恵は新しい知恵に必ずヒントを与え、置き換わっていってもその魂や根本の本質のようなものは受け継がれていくはずだ。私には、石を積むことにイヌイットの魂の一端を感じる。

ポリニア

旅は出発から十日目を迎えた。

今朝のキャンプ地からキキクタルジュアクの村までは二十六㎞。やや遠いが、一日で行ける距離だ。

朝、目覚めた時にテントの外に吊るしていた寒暖計を確認すると、氷点下三〇度を示していた。

いつも通りに出発支度を整え、私が先頭になって出発した。

足元はボソボソの雪が積もり、背後のソリの抵抗感が増す。食料などはだいぶ少なくなっているのでソリの重量は軽いはずだが、積雪の抵抗感で重さを感じる。

昨日出会った、イヌイットのレイモンが言った通りに、スノーモービルの轍を参考にしながら進路を決めていった。

所々で、氷上の雪が湿っぽい箇所がいくつも見受けられた。村まで最短距離で直線的に行きたくなるところを、スノーモービルの轍も海氷の様子が怪しい箇所を大きく迂回しながら進んでいたため、私もその進路に従った。

雪が湿っぽいのは、雪の下では海氷が溶け始め、その水分が雪に滲み出ているためだろう。

　私たちが歩いている海氷というのは、毎年夏になると大部分が溶けてしまい、秋から冬にかけて再凍結をする。海氷の厚みはせいぜい一〜二mほどだ。氷の下の海は、深いところでは数百mから北極海だと四〇〇〇m以上もある。つまり、深い海の表面に浮かぶ海氷は、全体のスケール感から言えば薄膜のようなものでしかないということだ。

　カナダ多島海の島嶼部、このバフィン島もその一部であるが、このような地域では、場所ごとの海氷の特性が大きく異なる。

　例えば、細く狭まった海峡で海流が常に速い場所などでは、どれだけ冷え込んでも海氷が決して張らない場所がある。もしくは、海氷は張るのだが、しっかり凍結しない場所。専門的には、海氷の中で局所的に凍結しない場所のことを「ポリニア」と呼ぶ。

　ポリニアは、地形や海流などの影響で発生しやすい場所が決まっているので、事前に科学的なデータから位置を予測することは可能だ。また、カナダ多島海の中で、ポリニアが発生しやすい場所については私はあらかた把握しているので、避けて通れば良い。

　多島海の海氷をゆく冒険をする上で、問題になるのはそのような衛星写真に映り込む顕著なポリニアではない。

それは、衛星写真などでは判別ができない、もっと局所的に発生する小さなポリニアとでも呼ぶようなものだ。

一つの例として、かつて私が友人の角幡唯介と二人で、カナダ北極圏の長距離の徒歩冒険を行った時のことだ。

厳寒期の三月上旬から歩き出し、春を迎えた五月下旬。多島海の地域から、北米大陸本土に上陸して南下して行った。途中で経由した、ジョアヘブンという村で、地元のイヌイットに海氷の状況を聞いて回る中で、ある海域の注意をされた。それは、北米大陸の北部から、北岸に流れ出すバック河の河口付近の海氷についてだった。

「バック河の河口あたりの海氷は、もう氷の下から溶け出してきているはずだから、近付いてはいけないよ。もしバック河を遡上するなら、河口にまっすぐ向かって行くのではなく、遠回りに岸沿いに河口に近付かないといけない」というものだった。

五月下旬は、すでに南の大陸側では河の氷も溶け始め、海に向かって水が大量に流れ込んでいた。すると、河と海の境、河口付近の海氷というのは、海氷の「下から」河の流れで氷がどんどん溶けて、削られていく。

それが進むと、海氷の表面的には雪もかぶっていて平坦で問題なく進めるように見えるが、実は雪の下の海氷がほとんどなくなっている、ということが起きる。完全に「落とし穴」のような状態になるのだ。

また、このような落とし穴が危ないのは、ただ氷を踏み抜いて海に落ちる、というだけではない。氷が下から削られるのは、氷の下に強い流れがあるからだ。ただ落ちただけであれば、人間の体には浮力があるので頑張ってまた這い上がれば良い。しかし、氷の下の強い流れに落ちると、人間の体はその流れに逆らえず、氷の下に引きずり込まれてしまう。

私自身、その流れの強さを体感したことがある。

二〇一四年に二度目の北極点挑戦を行った時のことだ。その時も、事前のトレーニングをイカルイットで行っていた。北極点挑戦の遠征では、海氷の割れ目を最短距離で通過するため、ドライスーツという特殊なつなぎのスーツを着用し、氷の割れ目を泳いで渡ることがある。イカルイットで、私はドライスーツで泳ぐ訓練を行っていた。

イカルイットの街から二〇㎞ほど離れた場所に、強い潮汐の影響で発生するポリニアがある。海が激しく動くため、そこでは冬を通して常に凍らず、広く海水が露出しており、ドライスーツのトレーニングが可能な場所だった。ただ、そのポリニアで泳ぐトレーニングができるのは、潮の満ち引きの動きが穏やかな時間に限られていた。

ドライスーツを着て泳いだり、また海氷に上がったりを何度も繰り返し、安全にトレーニングができる制限時間が迫ってきた頃だった。

先ほどまでは穏やかだった水面に、明らかな水の流れが発生しているのを感じた。潮の満ち引きが始まり、海が動き出していた。

そろそろ終わりにしよう。これで最後の練習だと思い、海氷の縁から水に入った瞬間、それまでにはなかった強い流れを感じ、体が海氷の下へと引きずり込まれそうになった。

「おぉ、これはヤバいぞ」

危険を覚え、海氷の縁にしがみついた。

私の体には、いざという時のために上半身にロープを巻き付け、氷上でサポートする友人が確保していた。浮力があるドライスーツを着ていても、潮の流れは私の体を氷の下に引っ張り込んでいく。もしこれで、ドライスーツの浮力もなく、ロープの確保もない状態であれば、あっという間に氷の下に体がもっていかれるな、そう実感した。

私が直接知る中で、似た事例で起きた事故は二〇一五年、北磁極を目指したオランダ人の冒険家二人組の死亡事故だ。

カナダ北極圏のレゾリュートから北磁極を目指したオランダ人の二人組が、それぞれ一台ずつソリを引いて出発した。

数日後、彼らが持っていた救難信号が発信されたことで、地元の警察が航空機でその地点の捜索に向かった。氷上には二人の姿がなく、二台のソリと、彼らが連れていた一頭の犬が残されていたという。氷上を捜索し、一台のソリから伸びるロープを辿ると、ハーネスに繋がれたままの一人の遺体が海中から引き上げられたが、もう一人の姿は発見されなかった。

その地点は、私も付近を二度ほど歩いた経験が過去にあるのだが、顕著なポリニアが発生しやすい箇所だった。

現場の状況から、前後に連なってそれぞれにソリを引いて歩いていた二人は、前を歩いていた一人が最初に海氷を踏み抜いて落水したと思われる。直後、後ろにいた二人目が救難信号を発信し、体からソリを外して落ちた一人目を助けに行った。しかし、二人目も氷を踏み抜いて落水し、海流に引きずり込まれて氷の下に流されてしまった。最初に落ちた一人目は、歩いている状態でソリと体が繋がれたままで落水したため、流されることはなかったと思われる。

このような事故は、多島海での特有の現象でもある。

例えば、海がより深く、広大な北極海ではこのような「氷の下に引き込まれる」というケースは発生しない。そもそも、氷の下に引き込まれるのは、海氷と海水に動きの差があるからだ。多島海では、島に抑えられて海氷の動きが制限される。氷と、その下に流れる局所的な水の流れとの間に相対的な差があるからこそ、氷の下に水が流れ込んでいるように見えている。

しかし、広大な北極海においては、氷とその下の水の動きに大きな相対差がない。もちろん、科学的な知見から正確性をもって語れば、相対差はある。しかし、ここで問題としている「氷の下に引き込まれるほどの流れ」はないはずだ。

北極海に出ると、あちこちで海氷が割れ、大きな河のように海水面が露出しているが、イカルイットのポリニアで見たような、水面の流れを感じたことは一度もない。また、北極海の海氷の割れ目の中をドライスーツで泳いでいても、体に海水の流れを感じることはない。

多島海をゆく冒険では、地形に影響される海氷の複雑な現象が、命に関わる重大な要素になりうる。

キキクタルジュアクを目指す進路に現れた「表面が湿った雪」というのも、雪の下で海氷が何らかの作用で溶け始めている、ということを示していた。

自然世界で最も危険なこと

イヌイットが通ったスノーモービルの轍は参考にするが、それを何も考えずに信じてしまうのも危険だ。

彼らは、彼ら自身が通過した時の判断において「これは通れる」と考えただけであって、それから少し時間が経過した、今この瞬間に私たちが安全に通過できることを彼らの轍は証明していない。

自然の世界で最も危険なのは、海氷でも寒さでも、ホッキョクグマでもない。それは「こうであるはずだ」「こうあってほしい」といった、人間自身の思いこみ、希望的観測、安易な予断、それら自分自身の全てだ。危険は、行為者の外部に存在しているのではなく、全ては内部の問題である。

激しいブリザードの中でひとり、テントから出ることもろくにできずに数日閉じ込められている時などは、このテントの薄い生地が破れた途端に、自分の命が危機に晒されるだろうことを実感しながら、眠りにつく。

私が北極で経験した最低気温は、氷点下五六度。その中でキャンプをし、ソリを引いて歩く。「その気温だと、凍傷になりませんか?」とはよく聞かれる質問だが、これまで手足の指の凍傷にはなったことはない。頬に小さな凍傷ができることはあるが、数日放っておけば治るような、霜焼けの延長程度のものだけだ。

誤解される言い方をすれば、凍傷とは寒いからなるのではない。極端に言ってしまえば、凍傷とは馬鹿だからなるのである。

もちろん、寒くなければ凍傷にはならないが、凍傷になった原因として「寒さ」に着目していうちは、まったく原因には到達できていない。

凍傷というのは、装備の不足、身体の適応不足、日々の注意不足、経験や知識の不足、といった行為者自身の不足が招いた事態が、最終的に寒さによって顕現した現象だ。凍傷における「寒さ」というのは、必要条件ではあるが十分条件ではない。もう少し言葉で述べれば「寒くなければ凍傷にはならないが、寒ければ必ず凍傷になるわけではなく、寒さという必要条件を満たした上で、他の条件によって凍傷という結果に至る」ということだ。

例えてみれば、自動車を運転していて道端のガードレールに突っ込んで、交通事故を起こしたとする。「なぜ事故を起こしたんだ」と聞かれて「いや、自動車を運転していたからです」と答えた時に、それは事故を起こした理由になっていると感じるだろうか。

事故を起こすためには、自動車を運転している必要がある。しかし、運転していたから事故を起こした、というのは理由にならない。よそ見をしていた、スピード超過だった、何かと見間違えた、集中力が欠如していた、そのような要因が、事故を招いているはずだ。「寒かったから凍傷になった」というのは「自動車を運転していたから事故を起こした」というのと、まったく同じ理屈だ。自動車を運転していなければ事故を起こすことはできないが、その事故の原因として運転していたという必要条件は理由にはならない。

危険というのは、行為者の外部にある現象のことではない。寒さ、ホッキョクグマ、海氷、風、全ては確かに危険なものではあるが、それらは行為者の外部の現象である。

最終的に、外部の現象を真に危険な状況にまで高めてしまうのは、行為者自身の内部の問題となる。思い込み、希望的観測、油断、慢心、慣れ、あらゆる要素の不足、それこそが、最も危険なのだと気が付けば、原因を外部に求めているうちは、行為者の能力は所詮その程度だと底が知れてくる。

キキクタルジュアクに到着

キキクタルジュアクの村がある、ブロートン島に南から接近し始めて行く頃から、足元の積雪の様子が変化した。それまでのボソボソの深雪が消え、風で叩かれた硬く締まった雪面になった。

入り組んだフィヨルド地形では、この辺りに吹く卓越風である北西からの風の威力が殺されてしまい、巻き上げられた雪がふわっと降り積もるようにして、深雪となる。雪面の変化は、周囲の地形の変化でもあり、またそれに伴う風の変化だ。状況がまた変わってきたな、そう歩きながら感じていた。

最年少の池田未歩はこの数日、足の裏にできたマメが痛く苦労していた。昨夜もテントで足の裏にテーピングを施してやった。「今日は痛いか？」と尋ねると「昨日ほどではないけど、まだ痛いけど頑張ります」と言う。そんな池田を、花岡は付かず離れず、励ましながら助けていた。

途中の休憩で、全員に「このペースなら、今日中にキキクに着けそうだ、頑張ろう」と声をかけると、全員が俄然元気になった。

キキクタルジュアクに着けば、一日休養日とすることにしていた。今日まで十日間、休みなく歩き続けている。村にはスーパーマーケットもあるので、好きなものを買って飲み食いもできるだろう。

足の靭帯が疲労で曲がってしまう三浦は、スコップの持ち手の部分を二本使って、簡易的な添え木を途中から開発した。それがないよりはマシなようだが、夕方になって疲労が溜まってくると、足首が曲がって歩きにくいようである。

足元の雪面に硬さが出てくるのと同時に、風も出てきた。北西からの風が、北上する私たちの向かい風となって吹き出した。足元には、風が雪を削ったサスツルギが増える。硬い雪面ではソリの抵抗感が減るので、歩く上ではいくらか楽になった。

ブロートン島の西側を北上していくと、徐々に人工的な気配が増えてきた。遠くに建物がちらほらと見え始め、スノーモービルの走った跡が無数についている。村はすぐそこだ。

「さあ、あともう少しでキキク着くぞ！」

全員に声をかけ、励ましながら歩く。男性メンバーたちは概ね元気だが、池田は足が痛く、疲労もあるようで半べそをかきながらも、弱音を吐かずに頑張っている。花岡が「ほら、未歩ちゃん頑張って」と、池田の後ろについて励ましていた。また、リーダーの西郷も全体の最後尾について、遅れそうなメンバーを助けようと動いていた。

全員がキキクタルジュアクの村の海岸線に到着したのが十七時半だった。

とりあえず、旅の序盤戦が終わったことに安堵しつつ、全員の関心は「スーパーが閉まる前に行きたい」ということだった。事前に調べておいた情報では、キキクタルジュアクのスーパーは十八時まで営業しているはずだ。まだ間に合う！と、ソリをとりあえず海岸線に置いたまま、全員でスーパーに向かった。

到着した時にはちょうど十八時。店は閉店作業に入ろうとしている時で、ギリギリ間に合った。

「これで、みんなで好きなものを買いな」と、私は西郷に二〇〇ドルを渡し、とりあえず今日のところは閉店間際で急いで買い物を済ませた。

第四章　キキクタルジュアクでの事件

クライドリバーまで行けるのか？

キキクタルジュアクは、人口五〇〇人ほどの小さな村だ。

この発音しにくい地名は、イヌイット語で「大きな島」という意味を持つ。

一九九八年までは、村があるブロートン島の地名のまま、村の名前も「ブロートンアイランド」が正式名称だったが、一九九九年のヌナブト準州の成立に合わせて、カナダ北極圏の各地では村の名前をそれまでの英語名から、イヌイット語によるものに変更された。

私たちの旅の全行程、六〇〇kmのうち二〇〇kmの序盤戦を終え、到着翌日はこの先へ進むための準備と、休養日に充てられた。

キキクタルジュアクの村の前でキャンプ

村の海岸線の海氷上に私たちのテントを設営して、二泊の寝床としている。今朝はいつもよりもゆっくり目覚め、慌ただしい出発の朝ではない、ややのんびりとした空気感の中で全員がテントの外に集合した。

幸いなことに、寒さも緩み、風もない穏やかな快晴の日になった。

全員がテントの外に集合したところで、私から今日やるべきことを説明した。

「とりあえず、今日やることとして、オタワからここに送っておいた補給食料のピックアップね。それから、補給食料を全員に分配して、きちんと数が揃っているかの確認。不足があったり、改めて補充したいものがあればスーパーで追加の買い出し。ここから必要なホワイトガソリンは買わないといけないな。燃料がどのくらい必要か、ここまでの使用量を計算して、購入量も考えよう。国立公園の事務所にも行って、公園から出たことの報告も必要だね。あと大切なのが、ここから先、ホーム湾の海氷状況の調査だ。これは、国立公園の事務所でまず話を聞いてみる。みんなもずっと気になっていただろうけど、果たしてクライドリバーまで行けるのか、どうなのか、今日の調査で決まる。やるべきことが終わったら、あとは自由時間にするからね」

まずは、全員で国立公園の事務所へと向かった。

公園内を旅してきた者は、国立公園から出たことを報告しなければならないことになっている。

PARKS CANADAの看板が掛かっている建物を見つけ中に入ると、野生動物の剝製やこの地域の自然環境などを説明した展示パネルが並び、ちょっとした観光案内所のようにもなっていた。

メンバーたちは見学させておき、事務所の管理官に声をかけた。制服を着た管理官は二人いて、一人は白人男性で、一人はイヌイットだ。

「公園から昨日出てきた日本のグループなんだけど、無事に終わったので報告に来ました」

「そうか、どうだった？　楽しかったかい？」

「良い旅だったよ。素晴らしかった」

「それはよかった。ところで、君たちが公園内にいる間に、二人組の男性が同じように歩きに行って、まだ出てこないんだよ。もう随分時間が経って、探しに行ったけど行方不明なんだが、何かおかしなものは見なかった？」

「いや、特に変わったものは見なかったけど」

私が管理官と話をしていると、その様子を見て誰かが声をかけてきた。

「荻田さん、なんかあったんですか？」

「いや、公園内で二人組が行方不明になってるらしい。捜索に行ったけど、見つかってないんだって」

「えぇ、マジですか」

国立公園から出た手続きは簡単に終了し、ところで、と私は管理官にクライドリバーまでの海氷について尋ねてみた。

「私たちは、ここからクライドリバーまで、さらに歩いて行こうと思っているんだけど、ホーム湾の海氷について、情報はあるかな？」

私がそう言うと、白人男性の管理官がＰＣの画面をこの地域の衛星写真に切り替えた。

「今年はいつもの年よりも、ちょっと海氷が悪いよね。まあ、でも、沖に出ないようにして島沿いに行けば問題ないと思うよ。隣の部屋にいるウィリアムが詳しいから、彼に聞くといい」

衛星写真を見ながら海氷の様子を聞く

そう言われ、隣の部屋にいたウィリアムというもう一人のイヌイット男性に改めて声をかけた。彼はPARKS CANADAのツアーディレクターだという。国立公園内での冒険ツアーなどのコーディネートを業務としているらしい。

「日本から？　ようこそ。ここは初めて？　そうかそうか」と、笑顔で気さくに私の質問に応じてくれた。

ウィリアムの助力

ウィリアムはキキクタルジュアクで生まれ育ち、自身も狩猟を行うので、この地域の海氷には詳しいという。

持参してきた地図を広げ、私が考えているルートを示した。ウィリアムは、地図を覗き込みながら、黙って私の話を聞いている。大まかなルートを説明した後に、細かい質問を投げかけた。

想定しているルートにはポリニアはあるか？　危険な箇所はあるか？　狩猟に出る時に地元の人が通過するルートはどこか？　どのあたりに狩猟小屋があるか？　春先に最初に氷が溶け出すのはどのあたりか？　場所ごとの風向きはどの方向か？　場所ごとに積雪量や雪面の様子はどのような状態か？

私の質問に対して、ウィリアムは丁寧に、一つずつ答えてくれた。

彼が言うには、クライドリバーまでは海氷は問題ない、いつもの年よりも沖の海氷が不安定だが、もともと私が考えていたルートを辿っていけば大丈夫だろうと言う。現地に来なければ分からない、地元の人たちが使う狩猟小屋の位置なども細かく教えてもらい、地図に記録していった。

ウィリアムと一時間ほどじっくり話し込み、情報を収集した結果として、クライドリバーまでは問題なく行けるだろう、という手応えを得た。

すぐにメンバーたちにも「大丈夫、クライドリバーまで行けるよ」と伝えると「大丈夫そうですか⁉」と、安堵したような、本当に行くんだ、という緊張感も感じる反応だった。

ウィリアムと話をしていて、私にはずっと考えていた一つの計画が現実味を帯びてきていた。

それは、ここからクライドリバーを目指すにあたって、四〇〇㎞の間にもう一度、安全のために物資補給を受けようか、ということだった。

もともとは、キキクタルジュアクでオタワから送っておいた食料を受け取り、それを積んでクライドリバーまで一気に行こうと考えていた。

クライドリバーまでは四〇〇㎞。順調に行って二十日だろう。しかし、それも順調に行って、である。仮に天候の問題や、メンバーの身体的な故障などもあれば、その日数は伸びてしまう。

二十日と想定し、五日分の予備を持って二十五日分の物資でソリを引けば、進行速度はここまでよりも格段に落ちるだろう。

重いソリを引けば、それだけ身体的な負担も増すし、精神的にも辛くなる。そうなれば、事故の可能性も高くなる。

これまで十日間の様子を見てきて、二十五日分の物資を積んでここから再出発するのは、ややリスクが高いな、と感じていた。

キキクタルジュアクに到着する以前の段階で、毎日テントの中でこの先の展開を考えながら、もう一度物資補給を受けた方が良いかもしれない、という可能性を考えていた。ウィリアムと話し、海氷や積雪の状況なども細かく把握した結果として、クライドリバーまでの間に一度物資補給を受けよう、という考えが固まった。

「ウィリアム、クライドリバーまでの途中で、そうだな、このケープフーパー（フーパー岬）まで、我々の食料や燃料を補給してくれる、信頼できる人を紹介してくれないかな。もちろん、謝礼も払うので」

「そうか、分かったよ。そうだね、ケープフーパーならＤＥＷ《デュー》ラインがあって、小さなキャビン（狩猟小屋）もあるから、目印としてちょうど良い」

ＤＥＷラインとは、Distant Early Warningの略で、遠距離早期警戒線と日本語では訳される。

米ソ冷戦時代、北極海を挟んで最短距離で両国が向き合っていた時、ソ連からの爆撃機の飛来を早期に察知するためにアメリカ政府が設置したレーダー網が、ＤＥＷラインだ。北極海から北米大陸の入り口となる、アラスカ北岸からカナダ、グリーンランドにかけて、概ね北緯六九度付近の東西一万キロ、一〇〇～二〇〇km間隔で建造した大レーダー網だ。

キキクタルジュアクから一六〇kmほど北のケープフーパーは、クライドリバーまでの中間位置よりもやや手前であるが、距離としては補給を受けるにはちょうど良い。地図上にはＤＥＷラインの表記がある。これまで私も何箇所かのＤＥＷライン（ほとんどは無人で稼働）に立ち寄ったことがあるが、イヌイットの狩猟小屋も一緒にあることが多い。

「誰か、君たちの補給に行ける知り合いを探してみるよ。また午後にでも来てくれ」

ウィリアムは、私の頼みを好意的に受けてくれた。

長年イヌイットの世界を旅してきたが、イヌイットに頼み事をするには注意が必要だ。私の知り合いの中には、犬ぞりの犬十頭以上をイヌイットに預けて餌代としてそれなりの金も渡し、翌シーズン現地に行ってみたら、犬は全て他人に売り払われ、全て酒代になっていた、という話を聞いたこともある。

酒、ドラッグなどの問題も多いイヌイット社会では、信頼できる人とできない人の差がかなり激しい。

ウィリアムと話していて、PARKS CANADAのツアーディレクターという公共的な仕事をしている立場的な信頼感。また、話した感じの個人的な信頼感を覚え、彼が紹介してくれる人であれば間違いなさそうだ、という感覚があった。

「ありがとう、また午後に来てみるよ。補給を頼むとしたら、スノーモービル二台で二人ってことになるよね？」

「よく分かってるな、そうだね」

「ケープフーパーまでなら、一日で往復できる？　二日必要かな？」

「往復するだけなら一日で可能だよ」

「そうか、だったら、一人あたりガソリン代も込みで一〇〇〇ドルでお願いしたい。二人で二〇〇〇ドル払うよ」

「分かった。それなら十分に信頼できる人に頼める」

ケープフーパーでの物資補給は、我々の死活問題にもなる生命線になるだろう。もし、そこでの補給が滞るようなことがあれば、まったく何もない氷原に食料もなく孤立してしまう。

補給を頼むことにもリスクがあるので、これまで一つの手段としては頭にあったが、ウィリアムは信頼できそうだと感じて実行することにした。また、そこで謝礼を値切ろうとしたり、ケチな態度を見せると信頼感を失ってしまう。補給に日帰りで来てもらうのに、一人一〇〇〇ドルは高めの謝礼だ。重要な補給である、ということを念押ししながら、しっかりと謝礼を支払うことで、ウィリアム自身にも人を紹介する責任を感じてもらう必要があった。

海氷には問題がないことを確認し、予定通りにゴールのクライドリバーを目指すこと、さらに、ケープフーパーでもう一度物資補給を受けるということを、メンバー全員に伝えた。

国立公園事務所での手続き、海氷の情報収集、さらに追加の物資補給の手配を行い、次にオタワから送っておいた食料を引き揚げに向かった。

ノーザンストアとコープ

村に隣接している空港（と言っても、砂利の地面を平らにならし、小さな小屋のような建物があるだけ）に行ってみると、空港の建物の鍵は閉まり、無人のようだった。しばらく待っていると、航空会社のものと思しき車両がやってきた。降りてきた男性に声をかけた。

「日本から来た、エクスペディションのチームなんだけど、オタワからここに食料を送っているはずで、それを受け取りに来たんだけど」

「名前は？　オギタ？　ちょっと待ってくれ」

そう言うと、彼は建物に入ってどこかに電話をし始めた。

「事務所に届いているから、いま別の車でここに持ってくるよ。少し待っててね」

そう言われて、きちんと届いていた！と安堵した。

オタワでサポートしてくれた中村さんからも、航空会社には何度も確認の連絡をしていただいたので、間違いはないと思ってはいた。が、補給食料の存在はこの先の計画にも関わってくるため、本当に届いているかどうかと内心ドキドキしていた。

大きなカーゴバンに、確かにオタワで預けた我々の段ボールが積み上げられ、到着した。

オタワで預けた補給食料の段ボール7箱を受け取る

補給物資たちも遠距離を旅してきたことで、箱がだいぶ傷んでいる。旧友と再会したような心持ちだ。

空にしたソリで段ボールをテントまで運び込み、補給物資の開封、全員への分配を行う。この辺りの作業は、オタワのホテルで補給物資を作る段階で仕分けしていたので、スムーズに進んだ。また、ケープフーパーで再補給を行うことになったので、そこの仕分けも行った。

食料を仕分けしながら、メンバーたちには「この先、この装備は使わないな、という物があればイカルイットに送り返そうと思うから、みんな自分の装備を見直してみて」と声掛けをした。

初めて北極の旅を行う彼らにとって、想像ばかりが先立って「これって、持って行った方が便利かな」という具合に、不要な物を持ってきているはずだった。

帰りにイカルイットに宿泊するので、このタイミングで不用品をイカルイットに送っておくことにした。

そんなことをしているうちに、時刻は昼に。せっかく村にいて、昼ごはんをいつもの行動食ではなんとなく寂しいので、ホワイトガソリンを調達しながら昼ごはんも買おうとスーパーマーケットに向かった。

キキクタルジュアクには二軒のスーパーがある。一つは、ノーザンストアという民間資本のスーパーで、肉や冷凍ピザなどのカナダ南部の都市で見かけるような商品が多い。もう一軒は、コープ（生協）である。こちらは、ノーザンストアよりも狩猟の道具や工具などが充実している。

テントを張っていた場所から近い、ノーザンストアに行ってサンドイッチやホットドッグをみんなで物色しながら、ホワイトガソリンの売り場を見てみる。すると四リットル入りのホワイトガソリンが一缶三七ドルで売っていた。全てが空輸でやってくる北の地は物価が高い。まあ、こんなもんかと思い、ホワイトガソリンの四リットル缶をとりあえず十缶ほどカートに積み、買い物を続けていると、タイミングよくウィリアムと会った。

ウィリアムは、私たちのカートをチラリと見ると、こう言った。

「ナフサ（ホワイトガソリン）買うのか？　ナフサはノーザンストアは高い！　絶対にコープで買え！　はるかに安いぞ」

そう言って、ウィリアムは強制的に私たちのカートからホワイトガソリンを棚に戻し始めた。

「ついてこい」

そう言って私たちを先導し、コープに向かうウィリアム。そうだったかな、そんなに値段変わったかなと思い、ノーザンストアでの買い物は昼ごはんだけにして、コープを見に行く。すると、同じホワイトガソリンの四リットル缶が一缶七ドルで売っていた。

「ウソでしょ⁉」

と思いつつ、ウィリアム、ありがとうと感謝した。

「補給に行ってくれそうな人が見つかったから、また後で事務所で」

ウィリアムはそう言って戻っていった。

ジョニーというイヌイット男性

昼ごはんを、テントの外でのんびり食べていると、村の子供たちが私たちに興味を持ったようで、好奇心で集まってきた。

「荻田さん、この子、タバコ吸ってるんですけど」

小倉が驚きながら報告してきた。見ると、小学四年生くらいか、十歳くらいだと思われる女の子が、友達と連れ立ってくわえタバコで煙を吐き出しながらやって来た。

イヌイットの世界では、珍しい光景ではない。子供は親の真似をするし、親も子供のやることをいちいち注意せず、自由にさせる。それが自然の中に生きてきた人たちのおおらかさと言えば聞こえは良いが、タバコだ酒だドラッグだ、という近代になって持ち込まれた社会悪にまでその概念を適用させることは、流石に問題がある。

「まあ、よくあるよ。こんなもんだよ」

「そうなんですか。日本じゃ考えられないですね」

みんなで昼ごはんを食べてから、改めて明日からのルートを全員に説明した。テントの外に地図を広げ、これまで歩いてきたルートを振り返り、ここから先のルートの計画を話す。

ウィリアムから教えてもらった狩猟小屋が点在すること、途中のケープフーパーで補給を受けることなどを全員に再確認した。

そして、これまでの二〇〇㎞は国立公園内という、ある程度守られた環境であったが、ここから先は四〇〇㎞の無人地帯であり、海氷上を行くため、これまでより危険性が格段に高くなることを説明した。

「ここから先は、基本的に海氷上になる。この時期はホッキョクグマもたくさんいるはず。それから、乱氷帯や場所によっては氷が溶けている所もあるかもしれない。そんな時、みんなの動きがバラバラだと困る。チームが一つのまとまりとして、俺が動けと言った時には素早く動く、止まれと言った時には止まる。全員が仲間の様子を見て、遅れそうなら手助けしてやる。そういう気持ちがないと、ゴールまでたどり着けないかもしれない」

やや厳しめな私からの忠告に対して、誰かが答えた。
「キキクまでも体力的に大変なメンバーもいましたが、ここから先はさらに大変ですか？」
「そうだねぇ、三倍くらいキツいと思ったほうがいいかもね。でも、それも考えて、補給を追加で受けることにした。それでだいぶ余裕は出ると思うけど、それでもここまでより
は遥かに大変な行程になるよ」

昼ごはんも終え、やるべきことは午前中のうちにあらかた終えていた。あとは、補給に来てくれるという人をウィリアムから紹介してもらう必要がある。

午後、メンバーたちは自由時間として、私一人で国立公園事務所に向かった。

ウィリアムは「彼が君たちの補給に行ってくれるよ」と、ジョニーという恰幅の良い五十代と思しきイヌイット男性を紹介してくれた。

「ありがとう、私はオギタ。日本からエクスペディションで来たんだけど、クライドリバーまで行くのにケープフーパーまで、食料や燃料を運んで欲しいんだ」

そう言うと、ジョニーは「ＯＫ、ＯＫ」と、笑顔で応えてくれた。

「謝礼も渡したいし、日程も詳しく話したいんだけど、家にお邪魔してもいいですか？」

そう尋ねると、快く自宅に連れて行ってくれた。わざわざ自宅に移動したのは、彼の生活の実態を見ておくことで、ジョニーという人物を知るためだった。

生活がだらしなかったり、部屋の隅に酒瓶でも置いてあれば、要注意だ。イヌイットは、シラフの時には好々爺のような人物が、一旦酒が入ると豹変して凶暴になるような人も多い。私の友人のイヌイットの中にも、普段は穏やかで信頼できるが、酒が入った途端にまるで人格的にダメになる人もいる。

補給を頼むというのは、彼に命を預けるということでもある。初めて会った人物であるが、なるべくジョニーという人物を知っておきたい。

家には奥さんがおり、部屋は綺麗に整理されていた。

この地域のイヌイットの多くがクリスチャンであるが、彼も例外ではないようだ。壁には十字架をモチーフにした装飾が掛けられ、家族の写真が額に収められていた。典型的な、穏やかなイヌイットの一家、といったところだ。ウィリアムの推薦もあるので間違いないだろう。

「補給の謝礼は、二人で二〇〇〇ドルでお願いします。明日の朝に出発しますが、ケープフーパーまでは一六〇kmなので、八日くらいで着くはずです。四月二十五日には到着するので、その前後で調整しながらお願いします」

「任せなさい。あとで、君たちのキャンプに補給するものをスノーモービルで取りに行くよ」

「電話番号を教えてもらえますか？　我々は衛星電話を持っているので、日程が早くなったり、遅くなったり変更があれば連絡しますし、ケープフーパーに到着する目安が立ったら早めに電話するので」

電話番号を控え、二〇〇〇ドルを手渡し、簡単に手書きで二〇〇〇ドルの領収書を書いてもらった。帰国した時に、遠征の経費精算するのに記録として残しておくためだ。

ジョニーと補給の話をつけ、とりあえずこれで最低限の今日やるべきことは終わったはずだ。

まだ午後二時くらいか。あとはゆっくり休んで、明日からの再出発に備えようかと考えた。

二五〇ドルのシャワー

補給の話をつけテントに戻ろうかと思ったが、せっかくだから自分もジャンクフードでも食べたいなと思い立ち、ノーザンストアに向かった。そこには、店の前にちょうどリーダーの西郷がいた。

「荻田さん、補給の話うまくいきそうですか？」

「大丈夫そうだよ。任せられそうだ。よかったわー。安心した」

そんな話をしていると、店から大和田が出てきた。

「バターめっちゃ買いすぎたかも。ソーセージがうまそうで、買い占めちゃいましたよ」

安定の食べ物トーク。大和田は、これまで十日間のキャンプ生活から、物が溢れるスーパーにやってきて幸せそうだった。

続いて、他にもメンバーが数人出てきた。みんなで、各々が買い物をしていたようだ。

「全員いるの？」

極北の村とはいえ、スーパーの商品は充実している

そう尋ねると「何人かだけです」と言う。

すると、花岡がスーパーに向かって急ぎ足でやってきた。その様子を見て、そう言えば、さっき物資補給の話をしに行こうとするタイミングで、花岡と池田にばったり遭遇したのを思い出した。

私も急いでいたので、聞き流してしまったのだが、シャワーがどうのこうの、と花岡が話していた気がする。

「花岡君、そう言えばさっき、池田のシャワーがどうのとかって話してたけど、あれはなんだったの」

「あの、昨日キキクに到着する前から、未歩ちゃんが村に着いたらお風呂に入りたいって、半べそかきながら頑張ってたんです。それで、彼女がどこかシャワー浴びれるところを探したいというので、その、僕が一緒に探してやってたんです」

「はぁ？　そういうことなの？」

「あの、まずかったですか？」花岡は、私の反応を見て身構えた。

「あのさぁ、未歩の足の裏の状態、お前も知ってるだろ。そんなマメだらけでシャワーなんか浴びて皮がふやけたら、皮がむけて死ぬほど痛いぞ。明日から歩けるのかよ」

私がそう言うと、花岡の顔が「やばい！」と心の中で言っていそうな表情に変わった。

「花岡君、昔ボート部だって言ってたよな。手のマメなんていくらでも経験してるだろ。それがむけた状態で刺激加える痛さも分かってるだろうが」

「すいません。考えてませんでした」

まったく、優しい男なのは分かるが、これは余計な面倒を見たなと、軽くため息をついて花岡に続けた。

「今すぐ呼んでこいよ」

「あの、未歩ちゃんいま一人でシャワー浴びてると思います」

「はぁ？　もう浴びてるの⁉　どこでよ？」

「聞いてまわったら、なんか一棟丸ごと貸してくれるロッジみたいのがあって、そこにいます」

「それっていくらなんだよ」

「二五〇ドルで、スーパーでお金を払えと言われて、僕のクレジットカードでとりあえず立て替えようと思って、いまちょうどお金を払いに来たんです」

村の中で、あちこちでシャワーを浴びられる場所を探して歩き、それを見つけ、池田がシャワーを浴びている間に、花岡はその金を払いに来たのだと言う。

午後からは自由時間としているので、特になんの制限もしていなかった。みんな、それぞれに良い歳だし、あれはダメだのこれはいかんだのと、管理するような子供の遠足の振る舞いではなく、基本的には彼らを信頼して自由としていた。が、この「シャワーを浴びたい」というのは、私の心に引っ掛かりがあった。

「じゃあ、後のことはどうにかしろよ。未歩の足の責任はお前が見ろよ。彼女が足が痛くて歩けなかったら、未歩の荷物は全部持つくらいの責任はあるぞ」

「分かりました。勝手なことしてすいません」

私もだいぶ頭に血が上っていた。シャワーを浴びること自体は悪いことではない。が、何よりも足の状態が心配だったし、そこに思いが至らずに安易な行動に走ったことが許せない。

池田がシャワーを浴びたい気持ちは分かる。だが、心配な点としては、足の状態の他には彼女の気持ちが切れないかどうか、というのもあった。

成熟した大人であれば、シャワーを浴びて心機一転、さあここから気合いを入れて頑張ろう！という、明日への活力になるだろう。しかし、十九歳の池田はまだまだ幼さが残る。このシャワーが、街への名残惜しさや、後ろ髪を引かれる思いを生み出すのではないだろうか。明日への活力ではなく、過ぎ去ったキキクのシャワーという、すがりつく昨日の思い出になってしまわないか、という心配だ。結果的にそれは杞憂だったが、この時はそう感じていた。

同時に、瞬間的に私の頭をよぎったのは、利用するのはこのタイミングだな、という打算だった。

何に利用するか？

それは、これまでの浮ついた気持ちに劇的な釘を刺す、そのタイミングとしてだ。

明日からの無人地帯四〇〇㎞踏破に臨むにあたり、今日のこのタイミングを利用しない手はない、という計算が、私の頭には浮かんでいた。

そして、そのスケープゴート（見せしめ、生け贄）にするのであれば、この花岡という男は最適な人物であると直感があった。

花岡への鉄拳制裁

私もスーパーで買い物を済ませ、テントに戻ろうかと思っていると、花岡は西郷に声をかけ、西郷を伴って去っていった。そのロッジとやらに戻っていったのだろう。花岡の様子から、私の反応を見てだいぶビビっている感じがある。西郷を連れていって、どうするか相談でもするつもりだろうか。

午後はのんびりムード。メンバー各自が自由に過ごしている。村は人口五〇〇人ほどの小さな集落だ。一時間も散歩すれば、隅々まで回れてしまう。特にやることもなく、のんびりと過ごしながら、花岡たちがテントに戻ってくるのを待っていた。

テントには、花岡、池田、西郷以外のメンバーたちは皆戻ってきていた。

あるテントでは、数人が一つに集まって「焼き肉パーティ」を開いているようだった。スーパーで買い込んだ肉を好きなだけ焼き、これまで十日間のフリーズドライ主体の冒険食ではない、もっと生々しい食事を男たちは楽しんでいた。その楽しげな声がテントの薄い生地越しに丸聞こえだった。

二時間ほど経った頃だろうか。村の方から海岸線のテントに向かって、花岡、西郷、池田の三人が歩いてくる姿が見えた。

私はテントにいた柏倉に「ちょっと、今から制裁加えるから」と一声かけた。柏倉は、すぐに私の真意を察したようだった。

テントの外で待ち受ける私。帰ってくる三人。彼らに向かって「おい！　花岡！　ちょっと来い！」と、花岡だけに声をかけた。

私と柏倉が待つテントに、花岡がおそるおそる入ってくる。入り口のジッパーを閉めると、正座の姿勢で両手をグーにして膝の上に乗せ、沢山の思うところを握りしめている様子だ。

「なんで呼ばれたか分かってるよな。報告することがあるだろう」

「はい、あの、いま戻ってきました」

「未歩の足の状態はどうなんだよ。確認したのかよ」

「ふやけて皮が剝けるような感じではないようでした」

花岡はビビりながらも、私の目を真っ直ぐに向いて話をしていた。

「きちんと乾燥させておく必要があるんだよ。ふやけたままだと、歩くと傷が開いて化膿したり、治りが悪くなるからケアしてやれよ」

花岡は、私の言葉に「はい、分かりました」と頷いた。

「で、結局そこを借りるのにいくらだったんだよ」

「二五〇ドルでした」

「シャワー浴びるのに二五〇ドルかよ、まったく。遊びに来てるんじゃねーんだよ」

「深く考えてなくて、すいませんでした」

私には、チーム全体の浮ついた雰囲気を引き締めるためのスケープゴートとして、花岡を利用するという計算はあったが、同じくらいかそれ以上に、その浮ついた雰囲気が結実した現象としての「シャワー」という事実に対して、やや頭に血が上っていた。

「さっきも言ったんだけど、足にマメがたくさんできてて、それでシャワーなんて浴びたら皮がふやけて剝けるんだよ。良い大人であれば、痛みにも耐えられるけど、あの程度のマメができたくらいで半べそかいてるようだと、もし皮がベリベリにむけて生傷が剝き出しになったら、あいつ歩けなくなるぞ。親切心で面倒見てるんだろうが、もっと考えろや！」

「はい、すいませんでした」

拳を握りしめて、頭を垂れる花岡。

「ところで、その借りたロッジってのは、明日の朝まで使えるんじゃないのか？」

「はい、一棟借りてるので」

「そこにシャワーがあるんだよな？」

「そうです」

「他のメンバーには、そこの事は話してるのかよ。シャワーを浴びれるんだろ」

「いえ」

「話してないの？　なぜ？」

答えに詰まる花岡。実は、昼間にシャワーを浴びられる場所を探し、ロッジを見つけた時点で数人のメンバーにはそれを伝えていたらしい。が、花岡がロッジの代金を払うためにスーパーで私と会い、池田の足にシャワーは良くない、と叱られたところで「まずい！他のメンバーも足のマメがたくさんできてるやつもいるので、シャワーの件は中止！」ということを、スーパーにいたメンバーには話していたらしい。これ以上、関係者を増やすのは良くない、と思ったのだろう。が、この時は私もそこまでの事実は知らず、花岡は込み入る話をして登場人物を増やすのはやめ、ここの責任は俺が叱られることで引き受けよう、と覚悟を決めていた。

花岡の考えまでは分からなかったが、俺がこの場の責任は引き受けよう、という姿勢に花岡があることは私も感じていたし、花岡がその姿勢で私の叱責を一人で受け取るつもりでいることは、私の計算の中に入っていた。

だからこそ、花岡はスケープゴートとして最適の人物だったのだ。

隊全体を強制的に引き締めるために叱ろうとする私。その叱責を一人で引き受けるつもりの花岡。人間たちの罪を問い質そうとする、神たる私の前に、花岡イエスは進んで人類の犠牲になった。

「なぜ、他のメンバーにはシャワーを浴びられることを言わないんだよ。朝まで自由に使えるんだろ？　他のメンバーだってシャワー浴びたいと思ってるやつもいるだろう」

「はい、すいません」

「すいませんじゃねえよ。いーたん（松永）はシャワーに誘ってやったのかよ。彼女だって、浴びたいかもしれないだろう」

「いえ、誘ってません」

「なぜ、そこの気遣いができないんだよ。せっかく使えるのに、誘わない意味が分からない。浴びるかどうかは本人の判断だが、なぜ、そもそも誘わないんだよ」

次第に、私自身も計算の中の会話ではなく、感情的になってきていた。この時は、シャワーを浴びられるのに、他のメンバーたちに対して教えていない、という事実に対して私は怒り心頭に発していた。

花岡は花岡なりに、考えて行動した結果であったが、周りくどい言い訳や説明は置いておき、一身でこの場を収める姿勢だった。

「ちょっと待てよ」

私は会話の中で立ち止まった。

一つの可能性が頭をよぎった。まさか、とは思うけど、いや、まさか。

「まさか、だけど、まさか、お前もシャワー浴びてないよな？」

花岡に問いかけた。

私と花岡の視線が交差し、時間が一瞬止まった。

花岡は、意を決したように口を開いた。

「はい、僕も浴びまし……」

花岡の「た」が言い終わるのが先か、私の右足が花岡のみぞおちに食い込むのが先か、いや、右手で花岡の左頬を思い切り打ち込んだのか、いやいや、私の右足が花岡の顔面を蹴り倒したのか、もはや覚えていないが、次の瞬間にはうずくまる花岡を中腰で見下ろしながら「テメェ！　この野郎！　馬鹿じゃねぇのか⁉」と大声で叫んでいた。

深い考えなしに池田にシャワーを浴びさせたこと、それを他のメンバーには伝えていなかったこと（本当は伝えていたが、花岡なりの考えがあってシャワーの利用は中止した）、その上で、自分はきちんと浴びてきやがったという事実、そこで私は完全にキレた。

あとから花岡に聞いたところでは、池田一人だけがシャワーを浴びたという事実では、彼女一人で責任を負うことになると思い、自分もその責任を分担するつもりでシャワーを浴びたという。が、この時はその弁明は一切しなかった。今から思えば、花岡の姿勢は立派なものだった。

うずくまる花岡に対して、私は右、左と鉄拳制裁を連打した。

「ちょっと、荻田さん、荻田さん！　その辺で！」と、隣にいた柏倉がたまらずレフェリーストップに分け入った。

「馬鹿じゃねぇのか⁉　やってられんわ！　こんな馬鹿の相手してられん！」

私は完全に怒りに支配されていた。テントのジッパーを思い切り開け、外に出てみると、外に丸聞こえの私の叱責と怒号に驚いたメンバーたちが、何事が起きたのかとやや遠巻きにこちらを見ていた。

私はあとを柏倉に任せるつもりで（特に何も伝えてなかったが）テントから離れて村に向けて歩き出した。一旦俺も頭を冷やして冷静になろう。で、その間に柏倉が何かしらの動きはしてくれるはずだ、そう思っていた。

もう夕方が迫り、村の中にも屋外には人影がなかった。通りかかる家の軒先では、犬が尻尾を振ってこちらを見ている。玄関先に乱雑に狩猟の道具が置かれているのは、イヌイットの集落特有の光景だ。

柏倉の役割

三十分くらい経っただろうか。陽も傾き、私もそろそろ寒くなってきた。

別に目的地があって私も歩いているわけではないので、そろそろ良いかなと思い、テントのある海岸線に向けて歩いていくと、向こうからちょうど柏倉が歩いてくるのが見えた。

「話してくれた？」

私がそう問いかけると「話しておきました」という返事。この辺りは、阿吽の呼吸という感じだった。何を話してくれたのかと尋ねたか、何を話したのか、打ち合わせも確認も何もなかったが、柏倉は私が立ち去ったあとでメンバー全員に何かしらの話をしてくれたようだった。これは、私が柏倉をただの撮影係以上の存在として、彼に期待していた立ち位置だった。

私と若者たちとの関係性は、言ってみれば「神と人間」の関係性だ。私の言葉は、彼らにとっては絶対的なものだ。逆らうことは許されず、彼らは逆らえるほどの言葉も持っていない。しかし、私が絶対的な存在になればなるほど、私の言葉は遠くなっていく。私の言葉は、決して彼らには届かない。そんな時、私の真意を人間の言葉に翻訳して伝える「預言者」が必要になる。それが、柏倉の役割だった。

柏倉の「話しておきました」という言葉を聞いて、安心してテントに戻っていった。海岸線からテントに戻ると、メンバーたち全員が外で私が戻るのを待っていた。が、東京湾から上陸してくるゴジラのように、誰一人として私の進行を止めることができない。怖くて話しかけることも、何を話せば良いかも分からないのだろう。

この頃には、私の頭はかなり冷静だった。

自分のテントに一直線に戻り、テントのジッパーを開けようとするゴジラに、挑戦者が現れた。

昼間にスーパーでしこたま肉だのソーセージだのを買い込んで喜んでいた大和田が、私に向かって言った。

「あの、荻田さん！　焼き肉やっててすいませんでした！」

ズッコケそうになりながら、心の中では「いや、そこじゃねーよ」と大和田にツッコミを入れていたが、しかし、これは一つの収穫でもある。

午後を通して行われていた、彼らの焼き肉パーティも、これまでの浮ついた気持ちが顕現したものだ。何はともあれ、大和田の中には「ちょっと調子に乗りすぎたかも」という反省が生まれたのだろう。浮ついた気持ちが少し着地し始めた、というのは収穫だ。

後に、柏倉から何を話したのかと聞いたところ、柏倉は彼らに対して、いつまでもどんちゃん騒ぎをやってるんじゃない、いい加減にしろと強く釘を刺したという。ここから先の無人地帯を行くのに、今の浮ついた状態では危ないと思うぞ、と、私が言いたいことを代弁してくれていた。そして、最後に話を締めたのが、実は大和田だったという。体力的に不安もあった大和田は、ここまで連日続いていた遅くまでの夜更かしなどには参加せず、早く寝るように努めていたらしい。そして、柏倉の話に続いて、体力がないやつは夜更かししてないで早く寝てくれ、俺は寝たいのにうるさくて困る、遊びに来たんじゃないんだから、俺はもっと頑張りたい、と全員に対して言い放ったという。

大和田のやや的外れかと思われる謝罪は、彼の真面目さと素直さがそのまま表現された、大和田の精一杯の言葉だった。

そんな大和田の言葉は適当に流し、私はテントに潜り込んだ。

すると、時を置かずに外から花岡の「荻田さん、入っていいですか？」という声がした。

花岡と、その後ろには池田がいた。

二人がテントに入ってくると、開口一番花岡が謝罪してきた。

「すいませんでした。僕の責任です」

「もうここから帰ったら？　キキクからイカルイットまで飛行機出てるから、帰れよ」

私はあえて、強く突き放した。

「そんな馬鹿を連れて行けねぇよ。ガキの遠足じゃねぇんだよ。大人の遠征隊をやってるんだよ。シャワー浴びたけりゃ、帰って毎日浴びてろよ」

花岡の後ろで、池田も消え入りそうな声で「すいませんでした」と繰り返していた。

「連れて行けないから、もう帰ってもらえる？」

「明日から心を入れ替えて頑張ります。連れて行ってください」

私に頼み込む花岡。その後ろで頭を下げる池田。彼らには、私に頼み込む以外のことはできない。私には、花岡が「分かりました、じゃあ、諦めて帰ります」とシュンとしながら帰り支度をする光景は想像できなかった。こいつは必ず、食らい付いてくる。その信頼感があった。

私の「帰れ！」という怒号は、花岡に聞かせているというよりも、テントの外にいるメンバーたちに聞かせているものでもあった。浮ついた気持ちを、強制的に着地させる目的だ。

花岡と何度かの「帰れ！」「連れていってください」の押し問答が繰り返された後に私は言った。

「とにかく、今は俺も感情的になってるから、ここで頼み込まれたから心変わりをすることはない。俺も冷静になりたいから、とりあえず一旦テントに戻ってくれる？」

二人にはそう伝え、テントに戻した。隣にいる柏倉が「お疲れ様でした」と声をかけてきた。

この日はそのまま夜を迎え、そして十二日目の朝になった。

今日も朝から快晴。

私はいつもの出発時間に合わせて起床すると、他六張りのテントを一つずつ回って外から「九時に出るからねー。準備してよー」と、花岡・市川組のテント、池田・松永の女性テントにも告げて歩いた。昨日のことには一切触れずに、淡々と出発支度を整えた。

「今日から中盤戦だ。ケープフーパーまでの一六〇㎞。荷物が軽いから今日から八日目には到着できるはず。ここからが、クマの危険、海氷の危険性が高くなるから、みんな十分に注意するように」

出発前に、改めて釘を刺した。

第五章　海氷上の進行

キキクタルジュアク～ケープフーパー　一六〇km

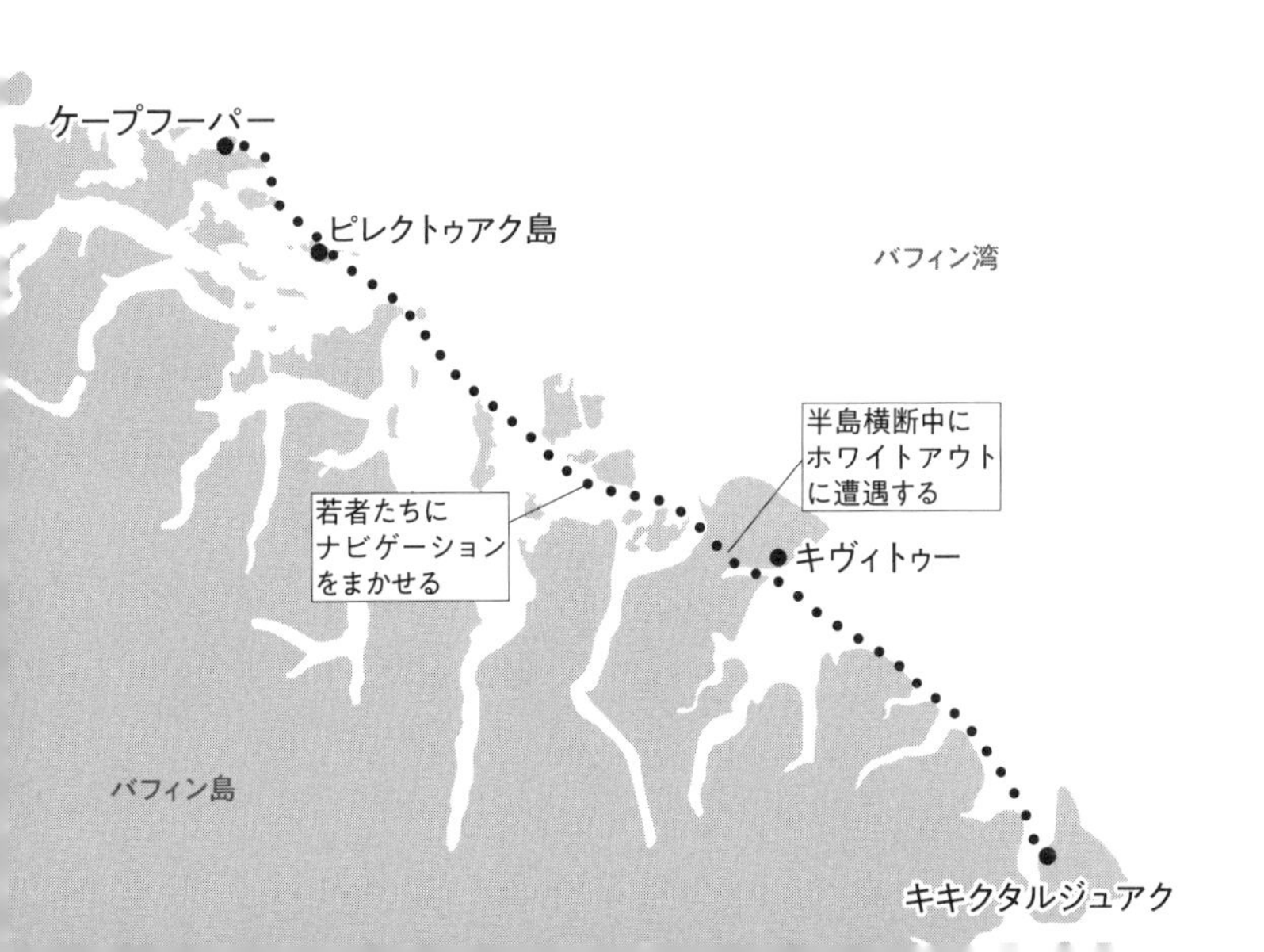

痛む右手首と花岡の首

朝の出発時には氷点下二九度。気温は低いが、風はなく太陽の暖かさを感じる日だった。広い外海に面するバフィン島北岸は、北西からの卓越風に叩かれた雪面が硬く、ソリを引いて進むには抵抗感がなく歩きやすい。

しかし、所々で乱氷帯が散見されるようになった。秋から冬にかけて、海氷が再凍結し始めた頃に、風や海流でまだ厚みのない海氷が動いて寄り集まり、隆起した乱氷だ。規模は大きくないが、ここまでずっと平坦な雪面を歩いてきたメンバーたちにとっては、ちょっとした段差でソリが引っかかり、その度に力を込めてソリを引くのが体力を消耗するようだった。

今日は、リーダーの西郷が頑張る様子があった。最後尾で声かけをしたり、誰かのフォローに回って動いている様子が、これまで以上に見られた。

実は昨夜、花岡と池田をテントに戻した後に、西郷が一人で私と柏倉のテントにやってきた。

彼は、もっと自分の殻を破りたい、もっと強くなりたい、うっすら涙を浮かべながらそう話をしてきた。西郷なりに、昨日の出来事にも思うところがあるようだった。

昨日の一件もあって、メンバーたちは緊張感を持って再スタートを切ったように感じる。が、私の中ではまだまだ不十分だった。この緊張感も、このままだと必ずダラけてくるだろう。

私が叱ることで緊張感を持ったところで、それでは恐怖政治のようなものだ。消極的な緊張感でしかない。何か、もうひと越えするためのきっかけがほしい。彼らのギアがさらに一段二段と高まるその機会を、引き続き待つことにした。

それにしても、今朝から右手の手首が痛い。

朝起きた時は、あれ？　手首が痛いなぁと、あまり深く考えなかったのだが、ストックを握る腕に体重をかけると、手首が痛い。そうか、昨日花岡を本気で殴ったからだと気がついた。

ソリに腰掛けて、休憩をしている間に、すぐ後ろに花岡がいることを確認して「いやー、何故か知らないけど、なんか右手の手首が痛いんだよなぁ」と、冗談ぽく声を挙げると、それに花岡が応えた。

「僕も、何故か分からないんですけど、今朝から首が痛いんですよねぇ」

そのやりとりを見て、隣で西郷が笑っていた。

風に従え

翌日は朝から雪がチラつき、あまり視界が良くない。

昨日よりもハードな乱氷帯に遭遇する。腰くらいの高さまで海氷が隆起し、氷のブロックをうまく避けながら、または無理矢理乗り越えながら北西方向に進路をとった。

先頭を私が歩き、皆は私のあとを付いてくる。

なるべく海氷が平らなところを選んでいきたいが、雲が厚く垂れ込め、雪もチラつくと太陽光が遮断されて、足元の陰影が消える。

雪で覆われた海氷上には色がない。色がない世界では、物の形というのは陰影によってしか判別ができなくなる。そこで太陽光が遮断され、周囲から陰影が消えると、足元の雪面に段差があったとしても、見た目では一様にのっぺりとした状態に見えてしまう。ちょっとした段差でスキーが引っかかり、躓いて転んでしまう。

休憩のたびに、みんなは休ませておいて、私一人でソリを外してルートファインディングを行った。なるべく平らな海氷を見つけて捕まえたい。が、視界は遮られ、目視では先の状態を確認するのが困難だ。

そんな時、私は乱氷帯の中で「風」を探す。

これまで、北極海をはじめとして猛烈な乱氷帯を何度も経験してきたが、乱氷帯の中というのは「風」が吹かなくなることが多い。

平坦な海氷では吹き抜けていく風も、テトラポットをばら撒いて積み上げたような乱氷帯では、氷によって風が散らされてしまう。しかし、そんな乱氷帯の中にいて、一瞬風が吹き抜ける「風の通り道」を感じることがある。

その風を辿っていくと、平坦な海氷に出られることがあるのだ。

また、乱氷の中で吹く風は、大きな氷のブロックの風下で雪を吹き溜め、それがスロープのように成長する。乱氷帯の中を、卓越風に対して直角に歩く時、つまり、風が自分の横から吹いてくる場所では、腰くらいの高さに成長した雪のスロープが果てしなく障害となる。まるで、アコーディオンの蛇腹を横断していくような状態だ。しかし、うまく風の流れを把握して、その蛇腹状の雪のスロープを直角に横断せず、平行の流れを意識しながら、自分が目標とする進路を外さずに進むことができると、進行の労力は格段に減る。

「風に従え」

乱氷帯では、意識的に呟きながら、風を探す。

キヴィトゥの狩猟小屋

キキクタルジュアクからバフィン島沿いに北上していくと、島から突き出た小さな半島がある。

その半島の南側に、細長い入江が西に食い込んでいる。入江の入り口あたりに、イヌイットが使う狩猟小屋があるはずだった。地図にはKivitoo（キヴィトゥ）という表記があり、昔はそこに集落があったらしいが、今は無人だという。キヴィトゥの南側の入江の入り口に狩猟小屋がある。

十四日目も視界不良の一日。雪がチラつき、雲が重く垂れ込んでいた。

朝八時に出発し、小さな二つの島の間をすり抜けて十一時頃にキヴィトゥに到着した。

海岸線に、小屋というよりも、立派な一軒家ほどの建物があった。

歩きながらの休憩は、三十分ほど歩いて二〜三分立ち止まる小休止をとり、二時間ごとに少し長めの七〜八分の休憩を入れる。昼と午後には、十五分くらいの休憩を一度とる。そんなパターンが定着していた。

キヴィトゥに着いたところで、まだ昼休憩には少し早かったが、せっかく風よけにできる小屋があったので、みんなで小屋に入って休むことにした。

行動食を収めたジップロックと、お湯を入れたポットを各自が持ち小屋へ入る。中は、私たち十四名がのんびりくつろげる広さがあ

イヌイットが狩猟の際に立ち寄る小屋

る。あまり物は置いていないが、古いソファがあり、壁にはなぜか古いテレビとVHSのビデオデッキがある。ここに電気などあるはずもないが、可動式の発電機で使っていたのだろうか。

しばらく狩猟小屋で休憩をとり、再出発をする頃には、さらに視界の状態が悪くなっていた。

キヴィトゥからは、入江を西に進み、その奥から上陸して半島を超え、島の向こう側の河口に出ようと考えていた。

島には当然地形の高低があるので、なるべく歩きやすいところを進みたい。しかし、この視界では目視で地形を判断することは難しいだろう。今日の天候では、地面の登りも下りも、全てが真っ白でまったく判別できない。まるで、牛乳瓶の中を泳いでいるような感じだ。

極地でのナビゲーション

狩猟小屋を出て、入江の突き当たりかと思われる地点から、半島横断に入った。

海岸線には氷が隆起し、その氷をいくつか乗り越えると、雪の下に岩の存在を感じた。ここから、半島を越えて反対側にある目指す河口までは、直線距離で五キロ程度だ。

海からはまず、だいぶ顕著な上り坂をソリを引き上げて登っていく。あらかた登りきると、そこからは緩やかに登ったり降ったりを繰り返す、丘陵地のような地形になった。が、見た目では何も分からない。空も、大地も、みんなぼんやりとした、影の消えた白一色の世界だ。

そもそも、なぜ影ができるか？

太陽から、一方向の強い光が対象に当たる時、光源と反対側に影ができる。しかし、雲が厚くなり、一方向からの太陽光の強さが遮られると、物体に対して均一に全方向から光が当たる。すると、影が消失してしまう。その物体に色があれば、色によって輪郭や存在を把握できるのだが、白一色、つまり光を乱反射する雪に対して全方向から光が当たると、全ては一様の白くのっぺりとした状態になる。

「荻田さん、これ、どっちに向かってるのか分かるんですか」

後ろから誰かの声が飛んできた。

「大丈夫、分かってるよ」

私は、確信を持って方向を摑みながら、半島出口の河口を目指していた。

極地で行うナビゲーションには、いくつかの方法がある。

まず、一番利用するのが、太陽の位置と時間の相関性だ。

地球は太陽に対して、一日二十四時間で一回転、三六〇度を自転する。地球から見ると太陽は、一時間ごとに一五度ずつ西へと動いて見える。これは場所によって差があるので厳密ではないが、基本的な知識としてまずその理屈がある。

北極や南極などの高緯度地域では、太陽が水平線からあまり高度を上げず、横移動をしていく。夏の白夜になり太陽が沈まなくなると、水平線上を横移動しながら、一日かけて一周するというのが太陽の動きだ。つまりこれは、二十四時間で一周する時計と同じなのだ。

正午に太陽が南の空にやってくることを南中と呼ぶが、この時間も場所によって誤差がある。

大雑把に言えば、昼に南の空に太陽がある。そして一時間ごとに一五度ずつ、太陽は西に動く。その二つの理屈が分かっていれば、いま見えている太陽と、現在の時間から東西南北を判別することができるわけだ。

次に使うナビゲーション方法は、風向きだ。地形の影響を受けない海氷上の冒険では、風向きが一日の中で大きく変化することは少ない。現在の風向きを頼りにして進行方向を決めることができる。

風向きと似ているのが、足元の雪面にできている風紋だ。

強い風が雪面を削った筋状の風紋は、いくつかの種類がある。その地域に定常的に吹く卓越風によってできた、深く大きな風紋。または、突発的に発生した強い低気圧によるブリザードでできた風紋。もしくは、氷床からの吹き下ろしの風でできる風紋など、発生の仕方も様々だ。

風紋はその一帯に広く、同じ方向で刻まれているので、足元の風紋の角度と、自分の進行方向の角度を考慮してまっすぐ歩くことができる。

あとは、方位磁針《コンパス》である。

が、実は私はこれまで、あまりコンパスを使ってはこなかった。それは、私がこれまで主に活動してきた、カナダやグリーンランドの極北部、もしくは北極海というのは、地球の地磁気が集約する「北磁極」が近く、コンパスの精度が悪い。

今回のバフィン島は、北極圏の中でも南に位置し、北磁極からも距離があるため、コンパスが十分使用できた。

キヴィトゥの狩猟小屋で休憩している間に、視界不良の島越えを想定して、この地域の磁北と真北の誤差を確認しておいた。すると、ここでは西偏四〇度のようだった。

コンパスというのは、正確に北を指し示しているのではなく、磁力が集まる北磁極の影響を受けて、ズレた方角を指し示す。日本においても、そのズレは存在する。ここでは正確な北から西に四〇度の方向をコンパスは指すようだ。

ナビゲーションの要素として、あとは地文《ちもん》も活用する。周囲の地形の様子を見ながら、地図と見比べて、あの島がこれ、あの岬がこれ、と目視で現在地を確認する方法。北極海や南極大陸内陸部のような、地形の目標物が存在しない場所では使えない。

天候が良い時には、雲の位置も参考にすることがある。

水平線の遠くに見える上層の雲は、ある程度の時間、その場所に留まってくれる。もちろん、雲によってさまざまであるが、一直線に歩く時、当面の目標として水平線に見えている雲を目安として歩くことがある。

最後に使うのがＧＰＳであるが、ＧＰＳをナビゲーションの手段として用いることはほとんどない。あくまでも、緯度と経度を知るための機械であって、ＧＰＳの画面を見ながらなど、物理的に到底歩けない。

太陽と時間、風向き、風紋、コンパス、地文、雲、これらの要素を組み合わせて歩くのが、極地のナビゲーションだ。

それでまっすぐ歩けるのか？という疑問があるかもしれないが、それらの自然の要素だけで十分にまっすぐ進むことができる。

例えば、私が南極点に行った時。南極の内陸部には、乱氷もポリニアもないので、ひたすら南極点にむけて一直線に進んでいく。天気が良ければ時間と太陽、風紋、風向き、雲、それらだけで歩くのだが、ある日、自分のナビゲーションの精度がどの程度か、確認してみようと考えて実測したことがある。

二時間ほどソリを引いて歩くと、四㎞進むことができる。南に向かってまっすぐ、四㎞

歩いたところで東西にどの程度の誤差があるだろうかと、ＧＰＳを使って試しに計測をしてみた。何度か行ったのだが、最もズレた時で東西の動きが二〇〇ｍ。調子の良い時は、四㎞進んで東西のズレは五〇ｍほどだった。

つまり、自然の要素だけを参考にしながらナビゲーションを行っても、四㎞先にある五〇ｍプールに飛び込める、というくらいの精度があるのだ。

計算してみる。四㎞進んで五〇ｍのズレということは、それは角度に直すと何度のズレなのか。

半径四㎞の円周上の五〇ｍのズレが、角度にすれば何度かを割り出せば良い。

直径八〇〇〇ｍの円の円周の長さは、円周率をかけて二五一二〇ｍ。これを三六〇で割ると、角度一度が約七〇ｍだ。七〇ｍに対して五〇ｍというのは、約〇・七度。自然の要素のみを使用したナビゲーションでも、周囲三六〇度に対して一度以下の誤差が実現できる。

これは、極めて理屈に基づく方法であり、決して勘ではない。あとは、その理屈を身体的に自分のものとする長年の経験が必要だ。

見えない風紋を頼りに

この日のホワイトアウトの中でのナビゲーションは、かなり困難な状況ではあった。まず、雲が厚く、太陽の位置が分からない。時々、雲が部分的に薄くなったところから、一瞬だけぼんやりと太陽の位置が確認できる瞬間があるので、それを見逃さないようにする。太陽の位置が一瞬でも把握できた瞬間に、時間を確認して正確な東西南北を脳内で補正する。

しかし、ほとんどの時間で太陽は見えず、参考にならない。頼りになる風も吹いていなかった。重い雲が頭上を覆い、雪が垂直に落ちてくる。太陽光が乏しいことで、足元の陰影が消えて風紋もまったく見えない。風紋はいくらかあるはずだが、見えないのだ。

頼りはコンパスである。が、コンパスを手に持って、角度を確認しながら歩くことはできない。手にはストックを持っているし、一歩一歩、踏ん張りながらソリを引くという動作をしていると、コンパスを見続けるのは不可能だ。また、歩きながらだとコンパスの針も揺れてしまい、精度が出ない。あくまでも、立ち止まって方角を補正するためにコンパスは使えるが、進行中に使うには不十分だ。

そこで、私が最後に選択したナビゲーションの要素は、見えない風紋だった。

確かに太陽光が遮られると陰影が消え去り、風紋は刻まれていても見えなくなる。ところが、一箇所だけなんとか風紋を見ることができる場所がある。つまり、わずかな陰影が生まれる場所がある。

それは、自分のブーツの真横一五センチくらいの範囲だ。

陰影が消えるのは、物体に対して三六〇度全方向から均一に光が当たることが理由だと述べた。この理屈が、ブーツの周囲では変化する。スキーを履いたブーツの、そのすぐ脇の雪面では、ブーツ側からの光が弱くなるため「三六〇度全方向からの光」という条件が変更され、そこにうっすらと影が生まれる。

この影によって目視できる風紋を見る。

これは、見えるが非常に薄い。しかし、うっすらと見える。この時、私はこの足元のみに見える、見えるか見えないかも分からないほど薄い風紋をほとんどの時間で参考にした。

その風紋を見ながら、時々雲の切れ間から見える太陽の位置を確認し、方角を補正。立

ホワイトアウトを抜け、キャンプを設営する

ち止まった時にコンパスを見て、方角を確認。それを繰り返し、しばらく下り斜面を降りていくと、夕方、海に出た。

地図とGPSで現在地を正確に確認すると、目指していた河口にドンピシャで出たことが分かった。

「やった、出ようと思っていた河口にピッタリ出たぞ！」

私も嬉しくなってみんなに報告すると、口々に「なんでここに来れるんですか」という声が出た。視界ゼロの中で、なぜ目的地に着けたのかが不思議なようだった。

キャンプを設営する頃から、西の空に雲の切れ間が増え始めてきた。

視界も回復すると、遠くにバフィン島の切り立った岩壁と、その向こうに山並みが見えてきた。美しい。

主体的な姿勢の変化

翌十五日目。今日は天候が回復し、綺麗な青空が広がっていた。

いつも通りに朝の出発支度を整え、全員がテントを撤収して集合しようとしていた。

そんな時、早めに準備を終えた誰かから「そういえば荻田さん、昨日は何を見ながら歩いてたんですか？」という質問が出た。

まるで視界がない状態で、どうやってナビゲーションをしていたのか、という質問だ。

全員が集合したところで、せっかくだからと簡単に説明をした。

「昨日、視界が効かない中でどうやってナビゲーションしたかというと、まずは時間と太陽ね。あとは風向き、それから風紋、あとはコンパスを使うんだけど、それぞれを組み合わせて使う。昨日は、主に太陽と風紋だね。その理屈は、簡単に言うと……」

太陽と時間の相関性で方角を知る理屈、風紋の意味、などを簡単に説明してから出発した。

　昨日の小さな半島を越えると、いくつも島が点在する海域に出た。キキクタルジュアクでウィリアムから話を聞いたところ、この辺りは積雪が多く、足元が柔らかいことが多いということだった。

　その情報の通りに、昼頃から積雪が多くなってきた。地形の問題で、限定的に風が弱い場所なのだろう。極地での雪の存在は、砂のような感覚だ。風が吹けば雪は飛んでいき、何処かに吹き溜まる。強風で飛ばされた雪が、風が弱いところでフワッと降り積もる。

　ここの軟雪がなかなか大変だった。

　雪が深いと、ソリの抵抗感が倍増する。先頭をゆく私は、誰の轍もついていない軟雪を踏んで行く必要があるので、最も疲れる。しかも、実は私のソリの重量は、若者たちに比べておそらく倍近い重量があった。

　全員が二人一組でテントを共有しており、若者たちは、ペアでキャンプ道具を分担してソリに積んでいる。テントは俺が持つから、マットとストーブ類はそっちが持って、などと、共有装備は二人で分担して持っている。

しかし、柏倉と組んでいる私は事情が違った。柏倉は、撮影という大きな仕事があるため、隊の進行中も、前に行ったり、後ろに行ったり、遥か後方から撮影した後に頑張って追いついたりと、何かと移動が多い。そのため、歩いている間の柏倉のソリは極力軽くし、積んでいるのは、撮影機材と最低限の物資だけに留めていた。私と柏倉の共有装備、柏倉の食料、さらに、隊全体で持つべき予備の燃料なども私のソリに積んでおり、私のソリは、ほぼ二人分の重量があった。

流石の私も、この軟雪でこのソリの重量だとキツい。

ペースが落ちていることを感じ、これは若者たちに交代で先頭を歩いてもらい、私は後方で圧雪された轍を行こうと思った。

「一人十分で、交代で先頭を歩いて。疲れたら交代ね。この辺りは島が多くて、ナビゲーションは楽だから。とりあえず、あそこに見えている島の左側を狙っていけばいいよ」

私はすぐ後ろにいた西郷に指示を出し、先頭を歩かせることにした。

そうやって、先頭を彼らに譲って私は最後尾から全体を見て歩き出したのだが、途端に私の中で新鮮なものを感じた。

「これまでずっと先頭だけを歩いてきたけど、後ろから見ると面白いな」

彼らがどうやって歩いているのか。歩いている間の様子がそれまで私も見えていなかったが、後ろから見ると一目瞭然だった。

初めて先頭を若者たちに譲り、その様子を後方から見ていると、彼らが楽しげに歩いている雰囲気を感じた。積極的に前後のメンバーが話し合い、進路を相談している。それまでは私の後ろを追従するだけだったが、自分の前には誰もいない、自分が進路を決めながら歩いている、ということに彼らは喜びを感じているようだった。

その様子を見た時に、そうか、そう言えば今朝の質問には重要な意味があったな、と気がついた。今朝の「昨日はどうやってナビゲーションを行ったのか」という私への質問は、若者たちが私に対して初めて投げかけた、チームが前進するための具体的で主体的な質問だった。

これまで、彼らはなんの疑問も持たず、言われるがままに私の後ろを付いてくるだけだった。

しかし、昨日の視界不良の中でのナビゲーションと、その悪条件の中で私が進路を外さない様子を見て、彼らは驚き、自分たちがやっていることに対して、初めて関心を持った。関心を持ったことで、初めて疑問が湧いた。言ってみれば、今までは自分でやっていることにさほど疑問が湧かず、彼ら自身が自分たちの行動に無関心だった。

ようやく、彼らの耳が私の言葉を聞く状態になったな、ということを感じた。出発から十五日目にして、この北極遠征に対して関心を持ち始めた。

キキクタルジュアクでのシャワー事件と、その流れで強制的に浮ついた気持ちに着地を見たが、それは私の強権発動でもあった。やはり、彼らの主体的な姿勢の変化を促したいと思っていたが、その瞬間がやってきたことを感じていた。

「ちょっと荻田さんのソリ、引いてみていいですか？」

休憩の時に大和田が聞いてきた。

軟雪でソリの重さをより感じる中、私のソリの重量に関心が出たようだ。

「重た！　マジですか！　やばいっすね」

私のソリを引いて、その重さを実感した。

「俺のソリで、重さが多分七〇kgくらいあると思うけど、こんなの全然軽いよ。北極海の

毎晩テントの中で地図を広げ、進行ルートの検証をする

時は一二〇kgくらいだったし、南極点の時も一〇〇kgでスタートだよ」

そう説明すると、花岡、飯島、西郷も続いて私のソリを引いて重さを実感していた。

一つのことに関心が生まれると、次々に疑問や関心が生まれていく。やっと彼らの身体だけでなく魂も北極に追いついてきたようだ。

四月二十二日。十六日目。

今日は朝の出発時から、若者たちに先頭を任せた。彼らが時間を決めて、交代で先頭に立つことにした。が、あくまでも先頭に立つのは有志での交代である。池田と松永の女性二人は先頭を歩かないようだ。

進路についてては、水平線に見えている島を目印に、とりあえずあそこを目指せと指示し、私は隊の最後尾につく。

進路以外は何の指示も出さず、後ろから様子を見ていると、進行ペースが異常に遅い。

二時間ほど進んだところで、休憩時にGPSを出して声をかけた。

「ちょっといいか。いま今日の出発から二時間歩いたんだけど、GPSを見ると進んだ距離が三㎞ちょいなんだよ。で、大体俺が先頭を歩く時は、時速二・五㎞は出ているんだよね。後ろを歩いてて、随分ペースが遅いなって感じなかった？」

後方を歩いているメンバーたちにも声をかけると「遅いと思いました」と言う。

「だったら、声かけるんだよ。俺はさ、ペースを守って歩くことができるけど、みんなはまだ自分でペースを作れないんだから、後ろが教えてやるの」

彼らはここまで、私が歩くペースで十五日間も歩き続けている。その同じペースで歩けば良いのだが、いざ先頭に立ってみると、同じペースが作れない。

これも、何も考えずに追従してきたことの現れだ。

後ろを歩きながらでも「このくらいのテンポで、歩幅で、ソリの抵抗感での速度だな」

と、考えながら歩いていれば、いざ先頭になってもそれを守ることができる。

しかし、何も考えていないとそれができない。いざ自分がペースを作る側になると「あれ？　どのくらいの速さだったっけ？」と分からなくなる。

休憩後に再出発すると、今度は速度がやたらと速い。

「ちょっとストップ！　先頭！　速すぎるよ！」

私が最後尾から声をかけた。

花岡とカメラ

この頃から、もう一つの積極的な姿勢が見られるようになっていた。それが花岡だった。

彼は、元々趣味でカメラを持ち、使い方もよく分からず写真を撮っていたようだが、ここ最近、写真を撮影している姿をよく見るようになっていた。

私物のカメラを持ってきており、それで景色やチームの写真を撮っている。そして、時間があると柏倉に写真の撮り方を教えてもらっている場面を見かけるようになっていた。

「荻田さん、歩いている間とか、休憩中とか、少し隊列から離れて写真を撮ってもいいですか？」

花岡が私に尋ねてきた。

「もちろん、いいぞ。どんどん撮りな」

そう言うと、彼はまた潑剌として写真を撮り始めた。

今回、メンバーたちはそれぞれが自分たちで費用を出している。各自が負担しているのは、日本からの飛行機代、途中の宿泊代、各自の保険料などの最低限の費用で一人当たり八〇万円ほどを負担している。実は、それではまったく足りていない。装備や食料、通信費や輸送費などの全てを計算すれば、一人当たりの経費は一五〇万円ほどにはなるはずだが、その差額は私がスポンサーから集めた資金で賄っている。

とはいえ、二十代の若者たちにすれば八〇万円は大金だ。それだけの費用を払って思い切って参加しているのだが、唯一の例外が柏倉だった。

彼は、隊の映像記録を撮影するため、仕事として参加してもらっている。彼の費用も全て私が持ち、さらに謝礼も払うことにしている。

花岡からすれば、こんなすごいところに仕事として来ることができる、写真家という仕事の面白さと、写真の難しさを感じていたのだろう。

花岡はその後、柏倉からのアドバイスとして、こんなことを言われたと話してくれた。

「柏倉さんに、写真の撮り方を教えてもらってたんです。そうしたらある時、そこにあるものを、そこにあるように撮ってごらんって言われたんですよ。そうかと思って、氷山とか、岩山とか、撮ってみるんですけど、撮れないんですよね。目で見てて、綺麗だな、凄いなって思った、そこにあるものを撮ってみるんですが、写ったものが違うんです。で、同じ場所から同じものを柏倉さんが撮ったものを見せてもらうと、凄いものが写ってるんですよね」

これを機に、花岡は柏倉を師匠として教えを乞うようになった。

母子連れのホッキョクグマ

軟雪地帯を抜け、再び足元の雪面に硬さが戻ってきた。

歩きやすくなったことで、隊の進行も順調に距離を伸ばしていく。

夕方、遠くにホッキョクグマの母子が歩いているのが見えた。母親に、二頭の小さな子

ホッキョクグマの足跡。二頭の子供と母親

グマが従っている。生まれたばかりで、この春に巣穴から出てきたのだろう。距離は一五〇mほどあるので、緊迫感はない。

よく、子連れのクマは凶暴だと思われがちだが、私はあまりそうは思わない。これまで、何度も子連れの母グマに遭遇してきたが、みんな穏やかで、母親は私の存在を警戒はしつつも、攻撃的な雰囲気を感じたことはない。

私が二〇一六年にカナダからグリーンランドまで歩いた時、ある朝テントの外を確認すると、昨夜はなかったホッキョクグマの足跡が、テントから二〇mほどのところまで付いていたことがあった。その足跡をよく見ると、二頭の子供を従えた母グマのものだった。

夜中に私のテントの近くを通りかかった母子連れのクマは、テントの存在に「何だろう？」と、興味を持って接近してきたが、母親が警戒して二〇mより近付かずに、そのまま通り過ぎて行った、そんな足跡だった。

ホッキョクグマと聞くと凶暴なイメージが先立つが、彼らと同じ地平で旅をし、同じ場所で寝起きをしていると、彼らも感情を持った一個の生物であり、機嫌が良い時、悪い時、好奇心が旺盛な個体、そうでもないヤツ、様々であることがよく分かる。

とは言え、私たちがいるこの地域は、北極圏で有数のホッキョクグマ生息エリアである。テントを張る時には、全員のテントをやや密集させ、その周囲にぐるりとスキーやストックを支点として、ロープで取り囲んだ。いざ就寝中にホッキョクグマがやってきた時に、まずロープを引っ掛け、それでスキーやストックが引きずられることで、いち早く接近を察知できる、かもしれないという気休めだ。

その夜、テントを設営すると、私と柏倉のテントにリーダーの西郷を呼んだ。

「西郷君、地図とコンパスを預けておくから、明日からみんなでこれを使ってナビゲーションしてごらん。歩きながら、またやり方は教えてあげるから。で、毎晩テントに来てもらって、翌日の進路の相談をしよう。俺が考えているルートをそこで指示するから」

地図は二種類用意していた。縮尺が二十五万分の一（二十五万図）のものと、五十万分の一（五十万図）のものだ。

通常、日本で山歩きなどを行う時に使用する地図は、二万五千分の一が一般的な縮尺なので、それに比べれば遥かに大きな、広い範囲が収められた大雑把なものだ。海氷の上を行くのであれば、地形は関係ないので縮尺が大きくても問題ない。やはり、島を越える時などはなるべく詳細な地形図が欲しいが、現実的に二十五万図までしか存在しない地域なので、私は長年ずっとこれで歩いている。

西郷には五十万図を預け、私は二十五万図を使うことにした。

「管理は任せるから、あとはみんなで見るなり、相談して、明日から進路を考えてみな。俺は極力口出しはしないから。分からない時には聞いて」

「はい！　分かりました！」

珍しく、溌剌とした西郷の声が響いた。

この頃から、やや気になることが一つあった。それは、藝大生の松永が最近絵を描いていないことだ。

前半戦で、トール山のスケッチを描いて以降、時々、テントを張った後にスケッチブックを広げ、寒い中で絵を描いている姿があった。しかし、キキクタルジュアク出発から、隊全体が「先へ進む」という意識が高まるに連れて、彼女は絵を描かなくなった。

体力的にその余裕がないのか、それとも他の要因なのか、まだよく分からないが、私は何も言わずに様子を見ていた。

修理のことなら飯島

四月二十三日。十七日目。

北緯六八度のこのあたりでは、日照時間がかなり長くなってきた。日の出は午前四時頃で、日没は二十一時前である。高緯度地域では、太陽は水平線に対して平行に近い動きをするので、日の出の一時間くらい前から明るいし、日没後もしばらく太陽光が残る。まだ明るいうちに寝てしまい、目覚めたらもう明るいので、あまり暗い時間を感じなくなってきた。

今朝の気温はマイナス二〇度ほど。朝の出発時には風も穏やかで、青空が広がっている。補給予定地のケープフーパーまでは、あと四〇㎞と迫っていた。明日の夕方には到着できるだろう。

補給地点を作ったことで、キキクタルジュアクを出発する時にソリに搭載する荷物が減り、順調に進むことができた。多少の無理をすれば追加の補給なしでもクライドリバーまで行くことはできるだろうが、この人数の集団行動で過度なリスクを負うことはできない。

先頭のナビゲーションを、昨夜西郷に伝えた通りに、できる限り彼らに任せた。西郷と花岡が積極的に動き、メンバーたちが交代で先頭に立つ。休憩の度にみんなが先頭に集まり、いま目指すべき進路を確認し、その進路の先に見えている目標を探す。島が点在している海域なので、地図に描かれている島と、私たちの目に見えている島がどれにあたるかを相談していた。

進路の先に、特徴的な垂直岩壁を持つ島、ピレクトゥアクが見えてきた。

キキクタルジュアクのウィアリアムは、この島がこの地域のランドマークになっていて、ここを基準に地形を把握しているように話していた。

確かに、谷で見たトール山のような、切り立った垂直岩壁は遠くからでもよく目立つ。地図を見ると、島の大きさは三㎞四方くらい。島は北側に向かって登り勾配が続き、北岸で突然海に向かってドカンと切れ落ちている。その北側の岩壁の高さは、海から六五〇mほどはあるようだ。

ピレクトゥアクの岩壁を見上げながら歩いていると「ちょっとストップー！　ビンディング！」という声が響いて進行が止まった。

ここ最近、立て続けにスキーのビンディングが故障していた。プラスチックの部品が割れたり、ベルトが切れたりと、小さなトラブルが頻発していた。その度に、修理役の飯島が道具を持って壊れたビンディングの補修に向かっていた。

飯島は、世界一周経験もあるバックパッカーである。メンバーの中では、一番ノリが軽い感じがあり、危なっかしさがあった。前半戦で、夜遅くまで寝ずに騒いでいた中心人物でもある。が、道具の修理という役割が知らぬ間に彼の仕事となった時、その与えられた役割を全うしようという気概が感じられた。根は真面目なヤツなのだが、表現の仕方が下

修理したビンディング

手なのだろう。

今日は、飯島がビンディングの簡易補修に走り回る日だった。テントでしっかりと修理する時も、メンバーたちは「飯島君、これってどうやって直すといいの?」と自然と聞くようになっていた。

午後、北西からの風が強くなってきた。

ちょうどその頃から、足元の雪面も風に叩かれたカリカリの状態に変わっていた。雪面のサスツルギ（風が雪面を削った筋状の段差。風紋のさらに大きなもの）も北西方向に刻まれているので、この辺りは北西風が常に強いようである。

風向きは、進行方向のちょうど真正面から。流石に寒い。

風がキツいので、いつもよりもやや早めに行動を切り上げ、キャンプとした。

夜、補給に来てくれるジョニーに衛星電話で確認の連絡をとった。明日にはケープフーパーに到着できる予定なので、よろしく、ということを念押しすると、明日の朝にキキクタルジュアクを出発すると言う。六時間くらいかかるそうだ。私たちが七日かけて歩くところを、スノーモービルだと六時間か。速いなぁ。

絵を描く意味

ジョニーに衛星電話をかけ、インスタントコーヒーを飲みながら日記を書いていると、柏倉が松永を伴ってテントに入ってきた。

「荻田さん、いーたん（松永）が荻田さんのスケッチしたいそうですよ」

柏倉が笑顔で言うと、松永が「あ、はい」と後ろではにかんだ。

どうやら、最近彼女が絵を描いていないことを、柏倉が気にかけて声をかけたらしい。松永は、キキクタルジュアク出発以降、隊全体の雰囲気が前進することに集中していることを感じ、そんな中で自分が絵を描いて良いのか、絵を描く体力の余裕があるのなら、もっと他にやるべき事があるのではないか、そう感じて絵を描くことに悩んでいたという。

「正直、みんなが頑張っていて、私も助けられる側にいるのに、そんな自分が歩き終わってから絵を描いてて良いのかなって、そんなことを考えてました」

「いやー、どんどん描いた方がいいと思うよ」

私はそう答えた。

「陽介（柏倉）はさ、写真家で写真を撮るのが仕事だけど、絵で旅を表現するっていうのも別の表現ができるから、俺は描いて欲しいけどなぁ」

「ははは、ですよね」

柏倉が笑って応じた。

「例えばさ、使っている道具って、自分で使っているからこそ見えるものがあるじゃん。毎日使っているもの。ブーツとか、鍋とか、ドラゴンフライ（ストーブ）とか、ああ、この傷はあの時にできた傷だなぁとか、旅の思い出がこもってる。絵を見返した時に、綺麗な景色ってのも良いけど、テントの中の雑多な感じとか、この吊るしてある靴下だの手袋だの、そういうものに面白味があったりするじゃない」

「確かに、そうですね」

松永が少し前のめりになってきた。

「今までさ、山とか、景色をたくさん描いてたと思うんだけど、テントの中だって景色だし、毎日テントで一緒にいる未歩だって北極の大事な景色でしょ。そういうのを描いてみても良いんじゃないの」

「だから、まず荻田さん描いてみるといいよ」

柏倉がそう言って、スケッチを促した。

「正直に言うと、絵を描くことにどんな意味があるのかなって。隊全体のことを考えると、スケッチしてて良いのか悩んでたんです」

私は彼女の言葉を受けて、少し考えてから言った。

「絵を描く意味かぁ」

彼女が話した「意味」という言葉を、私は少し考えて、続けた。

「まあ、そうだねぇ。意味なんて、ないよね」

私があっさりそう言うと、松永は「えっ⁉」という顔でこちらを見た。

「絵を描くことに意味はないけど、価値はあると思うよ。意味ってのは、後からくっついてくるものだから、絵を描く前に、絵を描く意味はないんだよ。意味はさ、描いてみてから、後々、いつかそのうちくっついてくるだけ。でも、価値は常にある。描きたい、楽しい、満足した。それで良いじゃない。それが十分に価値ある行為だと思うよ。最初から意味があると分かって行動するものは、商業的なものが多いかな。衝動に意味はない。でも、価値はある」

「確かに、そうですね。意味がないと言われて今、最初は驚きましたけど」

「北極に来たのだって、衝動でしょ。意味を求めて、何かの役に立たせるために来たんじゃなく、行ってみたい、絵を描いてみたい、その衝動はそれだけで十分に価値がある。意味は、いつかそのうち分かるよ」

松永は、持参してきたスケッチブックと鉛筆で、横になる私の姿を時間をかけてスケッチした。

この日以降、松永が絵を描く姿が見られるようになった。以前はテントを背にして北極の風景を描いていたものが、テント全体の姿であったり、メンバーの誰かといった、人の風景を描くようになった。

これまで、松永は人付き合いが苦手で、集団行動を避けてきたという。この北極の旅も、チームとして自分はうまくやっていけるだろうかと、参加する前には心配だった。

しかし、次第に人の風景の中にある面白味に気付いたのかもしれない。

個人的な価値と社会的な意味

松永が悩んでいた「意味」というのは、私なりに解釈すれば、チームにとっての意味ということだろう。社会的な意味と言い換えても良い。そして、私が彼女に言った「価値」というのは、個人的な価値のことである。

社会的な意味というのは、社会の中に複雑な網目のように張り巡らされた関係性の中で、個人的な価値が思わぬ形で意味付けられ、多くの人に伝播していくことで、初めて意味となる。個人的な価値が社会的な意味に昇華していく過程には、時間差がある。だからこそ、意味は後から付いてくるのだ。

しかし、個人的な価値はいまこの瞬間に宿っているものだ。

個人的価値に社会的な意味はない。それは、衝動的であり、独善的なものである。冒険とは、その衝動への応答から全てが始まる。一旦、社会のことは側に置いておき、社会の外側で語ることのできる物語を獲得した後に、再び社会へ帰還する。そこで初めて行為には意味が与えられるのだ。

社会は、個人の価値を尊重するべき役割を持ち、個人はそんな社会が持続可能な状態であろうとする役割を持つ。

個々人の不断の努力によって、社会が持続可能な形であるべくメンテナンスをし続けていなくては、個人的な価値を充足させることすら叶わない。

個人的価値を独善的、わがままだと糾弾するのは、社会の姿勢として間違っている。個人はそれぞれが、社会の中で入れ替えの利かない「私」であり、お互いにその「私」であることを尊重しあうために、助け合う必要がある。

人には、それぞれに「私の範囲」がある。

私とは何か。私とは、私個人のことであると、多くの人は思うかもしれない。一〇〇年前、スペインの思想家オルテガは「私とは、私と私の環境である」と書いた。そして、こうも続けている。「もしこの環境を救わないなら、私をも救えない」

自分の子供が重い病気や怪我をすれば、自分ごとのように心が痛み、できることなら代わってやりたいと思う。子供が私の一部のように感じている時、私とは私個人よりも範囲が広い。共感意識の強い人であれば、親や兄弟、家族、親戚、恋人、友人、そうやって「私の範囲」が広がっていく。

「私の範囲」が拡大していった時、私は私の環境も含んだ関係性の中に規定されていると気付くだろう。

自分が辛い想いをして、誰かに助けてもらった経験がある人は、辛さを抱えた誰かに対して想いが至る。

旅や冒険は、楽しさだけではない辛さや苦しみも巻き込みながら、全ての体験を生きるための糧としてくれると、私は信じている。

これまで人との関わり方が上手でもなかった松永は、体力的に辛い時に周囲に助けられることで、してもらったことに対してどう応えればよいか、そこに悩んでいたとも言える。絵を描くという、自分のわがままを通すことに負い目を感じてしまったのは、それが相手からの贈与に対する正しい応答であるとは思えなかったからだ。

彼女を助ける周囲の仲間たちは、見返りを求めて助けているのではない。彼らが松永を助けるのは、助けることに意味を求めているのではなく、辛さを抱える松永を見て、今この瞬間に宿った「助けよう」という感情に従っているだけだ。それは、見返りという意味を求めた行為ではなく、この瞬間に宿った感情という個人的な価値から生まれた行為だ。

価値には、価値で応えれば良い。

仮に仲間たちが、将来的な見返りを求めて行動し、彼女を助けていたのであれば、彼女が意味のある行動をしなければ、周囲は絵を描くことに納得しなかっただろう。しかし、メンバーの全員が、松永が絵を描くことを好意的に捉え、感心し、その情熱に心を打たれていた。

だから、松永は、個人的な衝動に忠実になり、チームに対する意味ではなく、価値において絵を描くべきなのだ。

補給小屋に到着

十八日目。補給予定地のケープフーパーまでは十七㎞と迫っていた。朝、ジョニーに改めて電話で確認すると、キキクタルジュアクの天気も問題ないので、これから出発するという返事だった。

朝八時、出発の準備が整い、全員がソリを引く体制で集まった。

進路の先には、細長く海に飛び出た半島が見えている。昨日から、その方向に富士山のような形のなだらかな二つの山が見えていた。昨夜、西郷がテントに来た時に、その二つの山の右側から半島を回り込むルートを取るようにと指示をしていた。その半島を回り込んだ先に、補給予定地であるケープフーパーのＤＥＷラインがある。

「今朝の進路はどっちに向かっていく予定か、全員に共有しておいてね」

私は歩き出す前に西郷に言った。隊全員が、今どちらに向かっているのか、その意図は何なのかということを理解しておく必要がある。

テントを撤収し、全員が集合して一日がはじまる

「ええと、今日は」

西郷は、手に持ったストックで進路の先の方を指し示しながら、説明を始めた。

「あそこの山の右の方の、あの辺を進んでいく予定です。で、補給地点が、見えている島のあの辺りの裏くらいのはずです」

西郷がそう言って話を締めようとしたので、私は「いや、ちょっと待て」と遮った。

私は、すぐ隣にいた小菅に「今の説明で、どっちに向かっていくか、分かった？」と尋ねた。

「分かりましたけど、自分が思っている方向と西郷君が言っている方向が合っているかが、確証は持てないです」

小菅がそう答えた。

「だよね。あのさ、西郷君。あそこの山、とか、あの辺、じゃどこか分からないよ」

私がそう言うと、西郷はハッとした。

「西郷君が言っているあの山と、コッスー（小菅）が思っているあの山が違ってたら、その説明はより混乱を招くぞ。だったら、説明しない方がいい。説明するなら、きちんと全員が誤解しないように伝えるんだよ」

「確かに、そうです。すいません」

西郷はしょんぼりする。

「自分の目線から水平線をストックで指し示してあの山、と言っても、それを聞いてる人はどれを指してるか分からないだろ。じゃあ、どうやって説明するか。例えば、いま見えている方角の、一番高い山があって、その右にもう一つ山があるよね、みんな分かる？ここで一度同意を取る。で、その二つの山の右側を見ていくと、島が途切れているよね。まずはあそこの岬を回り込んでいく予定です、とか、そうやって伝えるんだよ」

「分かりました」

人は、無自覚に自分の視座からものを言ってしまう。

しかし、このような場面では自分の視座を離れ、伝えられる側の視座に立って説明をしないと、伝わらないどころか余計な誤解を与えてさらに混乱が深まることもある。

極地の冒険の世界では、そういった少しの誤解が致命的なミスに繋がってしまう。この頃から、私は若者たちには積極的に口を出すようになっていた。

前半戦は、私はまったく発言をしなかった。それは、彼らが自分のやっていることに関心がなく、周囲の山も谷も氷も全てが、ただの綺麗な風景としてしか見ていなかったからだ。

しかし、ホワイトアウトの視界不良を経て、ナビゲーションに関心を持ち、ようやく彼らの姿勢は北極の風景を単なる綺麗な景色以上の、進行するための情報として置き換えて見るようになっていた。

西郷からは、改めて全員に今日の進路の説明が行われ、ようやく歩き出した。

昼頃に、西郷が言っていた「あの辺」にあたる岬を回り込むと、ケープフーパーの特徴的な山状の岬が現れた。高さ四〇〇mほどのその山の上には、白いドーム状の建物が見える。ＤＥＷラインのレーダーだ。

ケープフーパーにも狩猟小屋があると聞いている。そこで補給物資を受け取る予定になっているのだが、ジョニーはまだ来ていなさそうだ。もしかしたら、他のルートでやって来るのかもしれない。

さて、その狩猟小屋はどこにあるんだろうか、そう思いながらケープフーパーの小山の手前から小さな入江に入ろうとした時に、急に背後でエンジン音が聞こえてきた。

振り返ると、二台のスノーモービルが私たちのすぐ後ろから走ってくる。おお、ジョニーがやって来た。

すぐに彼らは私たちに追い付き、隣に停車した。時間を見ると十三時半。五時間ほどで着いたようだ。

「もう小屋はすぐそこだ、先に行ってるぞ！」

ジョニーは私たちに笑顔で挨拶すると、一足先に狩猟小屋に向かった。

ジョニーのスノーモービルの轍を追いかけていくと、三十分ほどで小さな狩猟小屋に到着した。

入江から岩の散らばる海岸線を一〇mほど登ったところに、背の低い小屋が建てられている。

ジョニーともう一人が、スノーモービルから我々の補給物資を小屋に運び込んでいた。

ジョニーと立ち話をしてから、全員で小屋に入ってみる。腰を少しかがめないと、頭が付くくらいの高さで、細長い空間の左右にベンチ状の椅子が付けられた、簡素な小屋である。

私たち十四名と、イヌイットの二人。十六名が肩を寄せ合いながら、壁を背に向き合うように座ると、小屋はもういっぱいだった。

小さなガラス窓から太陽光が差し込み、小屋の中は暖かい。

「お前の顔、頬と唇がすごいな。大丈夫か？」

ジョニーが、法政大学生の安藤に対して言った。よく見ると、確かに彼の顔面は日焼けと軽い凍傷でボロボロだった。頬の凍傷は、表面的なものであれば大した問題にはならないが、それにしても確かに酷い。ずっと屋外で見ていると気にならなかったものが、簡素な小屋とはいえ、屋内で見るとその酷さが際立っている。

顔面が日焼けと軽い凍傷なのは、安藤だけではない。男性メンバーのほとんどが似たようなものだった。しかし、女性二人組だけはさすが、日焼けも凍傷も見られない。

ジョニーと小屋の中でしばらく話すと「さて、そろそろ帰るかな」と、二人はキキクタルジュアクへの帰り支度に入った。

ここまでに出た全員のゴミを全て集め、ジョニーに村で処分してもらうように託した。とは言っても、食料のパッキングの段階でゴミは極限まで減らしている。一日一人、ジップロックが三枚とプラスアルファくらいの分量である。十四名分を集めて、買い物袋ひとつくらいのビニール類をジョニーに預けた。

いつもよりもずいぶん早めに行動を切り上げたので、残りの時間はのんびり過ごすことにした。

歩いている間は北西からの風があったが、南向きの斜面に作られた小屋の周囲は風がなく、快適だ。日差しもあるので、ブーツや寝袋を日向で干す。全員のビンディングを総点検し、いまのうちに修理が必要なものは直しておく。

テントも立て、補給品を全員に分配すると、残りは自由時間。各自、ゆっくりテントで休み、明日からの終盤戦に備えた。

第六章　闘うチームへ

ケープフーパー〜クライドリバー　二五〇km

サスツルギとホッキョクグマ

四月二十五日。十九日目。

出発から三五五㎞を歩いてきた。ゴールのクライドリバーまではまだ二五〇㎞。昨日受け取った補給物資で、終盤戦に臨んでいく。

ここからが、どちらの村からも最も遠くなる海域に入り、全行程を通じて最も緊張感を覚える場所だった。

緊急事態があれば、村からの救助にも時間を要する。

そして、ケープフーパーから先が、ホーム湾だ。ここは風が強く、ホッキョクグマも多い。また、春先には、安定していた海氷が一気に流出していくこともある海域だった。今年は、例年よりも海氷状況に不安があるため、ホーム湾は早いところ通過しておきたい。

当初の計画段階では、ホーム湾の北側にある大きな半島（ヘンリーカーター半島）を陸沿いに北上して行こうかと思っていたが、その方向の海氷が不安定なことと、陸沿いを行くと遠回りになることもあり、半島をまっすぐ北上し、四〇㎞ほどの島越えをすることにしていた。

キキクアルジュアクで、この半島の島越えルートをウィリアムと相談していた時に、私が地図上で考えた最適な横断ルートを示すと、イヌイットがこの半島を超えていくルートとピッタリあっていた。半島の南側、島越えの上陸地点にも、狩猟小屋があると言う。

手前味噌だが、私もこの地域を長年歩いてくると、地図上でその現場の様子がかなり予測できるようになってきた。地図上で予測した最適なルートが、現地のイヌイットたちが通るルートと合っているというのは気持ちが良い。自分の見立てに狂いはないと感じた。

ケープフーパーの狩猟小屋を午前八時に出発。

岬の南側に建てられた小屋から、北側の海に出るとすぐにこれまでと雪面の様子が異なることに気がついた。サスツルギの様子が、大きく、際立っている。西からの風で成長したサスツルギだ。

ちなみに、サスツルギという言葉は日本語っぽい響きもあるが、語源はロシア語である。前述したポリニアもロシア語だ。北極海に面したロシアからは、このような用語が多く生まれて今も使われている。

西風で発生したサスツルギは、北上する私たちの進路に対して、真横にできている。ソリを引きながらスキーで歩くのがまだ下手な若者たちは、みんなが苦戦する。スキーがサスツルギの段差に引っ掛かって転んだり、尻もちをついたり、または背後のソリもちょっとした段差で引っ掛かるので、その度に力を込めて踏ん張って引かなければならない。

この頃には、全員の隊列の並びが何となく決まってきていた。

隊列の前方には、リーダーの西郷、花岡、諏訪、安藤、市川、小菅、大和田、あたりが交代でナビゲーションを務めている。その後ろに、松永、池田、三浦、小倉、飯島という大まかな順番ができていた。

午後、先頭を歩いていた安藤が進行を止めた。

どうしたのかと思い、先頭を見ると、安藤が進路の先の方をストックで指し示している。その方向を見ると、ホッキョクグマの母子が歩いている。私たちの進路の先を横切るように、距離にすれば八〇ｍくらいだろうか、やや大きめの子供を一頭だけ連れた母親と子グマだ。

通常、子グマは母親と二年ほど一緒に過ごしてから、独り立ちするという。この子グマ

強風が雪面を叩いて削り、硬く隆起したサスツルギ

は、二年目のクマだろう。こちらを警戒しながら、早足で通り過ぎようとする母子のクマは、よく見ると口元が血で赤くなっている。ついさっき、アザラシでも捕って食べたのだろうか。

夕方、また別の母子のホッキョクグマを見た。こちらは二頭の小さな子供たち。距離は二〇〇mほどと遠く、緊迫感はない。ホーム湾に出た途端に、一日で二組を目撃した。流石にここはホッキョクグマが多い海域だ。足跡は、そこら中に無数に付いている。

翌日からはホーム湾を北上し、横断する半島の上陸地点を目指した。

水平線にはいくつも島が点在し、ナビゲーションを行う目標にできるので、迷うことはない。

今日は随分と暖かい。春の空気に入れ替わった感じがする。湿度を帯びた、暖かく重たい空気感である。朝の出発時にはマイナス一二度だったが、歩き始めると気温が狂ったように上昇し始め、午後にはなんとプラス四度を計測した。こうなると、もう暑くて仕方がない。ソリを引いていても、汗がダラダラと流れ落ち、全員がジャケットを脱いでアンダーウェアで歩いている。

気温が上がってくると、足元の雪面に硬さが失われ、軟雪でソリの抵抗感が増す。北極を歩くには、暖かい方が楽かと思われるが、暖かいのはあまり歓迎しない。

休憩のたびに、西郷は地図とコンパスを取り出して、進路を外していないかを確認していた。西郷がナビゲーションを始めると、花岡や諏訪が行動食を頬張りながら、西郷のそばで一緒に進路を確認する。

「どう？　進路」

花岡が西郷に尋ねる。実際の進路上に地図を合わせながら、西郷は自分に対して確認するように、説明を始めた。

「うん。この方向だね。あそこに二つ、細長い島が見えてるやん。で、あそこの小さい島が、これだよね。方角的には、これであってるし、あのなだらかな島の右端を狙っていけば、着くはず」

「オーケー」

花岡と諏訪も、進むべき進路を確認した。

「ところでさ」と、花岡が話を変えた。

「ホームベイ（湾）ってのはさ、イヌイットの家（ホーム）なのかと思ったら、クマさんたちの家なんだな」

「そういうこと!?」

諏訪が笑って応えた。

「だってさ、あんだけクマがいたら、あ、これは人間じゃないんだなって」

「確かにそうだー」

三人の笑い声が響いた。西郷がさらに続けた。

「普段さ、動物園だと囲われてるの動物やん。でも、俺たちのテントの周りにロープ張って、囲われてるの人間やん。シロクマのお母さんが、子供に、ほらあれが人間よって話してるよ。人間が見られてるよなー」

笑い声に続いて「進路確認できましたー、行きましょうかー」という、西郷の声が響いた。

水平線の彼方で、何か黒い塊が形を変えながらふわふわと飛んでいるのが見えた。南からやってきた、渡り鳥の群れだろう。この春の暖気と共に北上してきたのか。

遠くて鳥の種類までは判別できないが、春がやってきたことを感じた。

二つの島

四月二十七日。二十一日目。

半島の上陸地点を目指し、今日もホーム湾を北上していく一日。

島が点在する海域を、縫うように進んでいく。

歩き出して二時間ほど経った時だった。休憩で立ち止まり、ソリに腰掛けながら、ポットに作っておいた紅茶をカップに注ぎ、行動食のチョコレートやナッツを少し食べる。紅茶を飲み、一息ついて先頭集団の方を見てみると、みんなで集まって、何やら相談をしていた。

何を相談してるのかな？と思いながら、様子を観察していると、地図を広げ、先の進路を指差して話し合っているようだ。私も自分の地図を確認し、進路の先を見る。水平線の景色と、地図を見比べてみると、なるほど、彼らが何に悩んでいるのか、私にはすぐに理解ができた。

先頭まで歩いて行って「どうしたの？　何か分からないことあった？」と声をかけた。

リーダーの西郷が答える。

「いや、あの、進行方向はあっちだと思うんです。で、その方向を見ると、あそこに島が二つ並んでますよね？」

「そうだね。確かにあるね、二つの島が」

「ですよね。でも、地図を見るとあんな島がないいんですよね。あの方向に並んでいる島がないんだけど、あれは地図のどれなんだろうかと思って」

進行方向の水平線上に、二つの同じくらいの大きさの島が並んでいた。しかし、地図を見るとそんな島はない。

二つ並んだ島という、確かに見えている現実と、信じてきた地図との間に矛盾が生まれた時、経験の浅い彼らは何を信じれば良いかが分からない。地図が間違っているのか、自分たちが間違っているのか、それとも大きな誤解が潜んでいるのか。

メンバーたちは、それぞれに意見を出し合って相談をしていたが、なかなか答えが出なかった。

私はしばらく彼らの相談の様子を見守っていたが、答えに辿り着かないので、ヒントを与えた。

「いつもよく言っているけど、よーく見てごらん。見るってのは、ただぼーっと見るんじゃない。しっかり観察するってこと。聞くのも、ただ聞くんじゃなく、しっかり耳を傾けること。よく見て、よく聞くんだよ」

「いや、ちゃんと見てるんですが、えー、なんだろー」

あの二つの島はこれじゃないか、いや、方角が間違っているんじゃないか、そんな話が続く。

「じゃあもう一つヒントをあげる。あの二つの島、左右で何か違いがないか？　よーく見てごらん」

それでも気が付かないので、さらにヒントを与えた。

「二つの島に雪がかぶってるよね。で、岩肌も見えているよね。雪のところは白いけど、岩壁は黒っぽいでしょ。岩壁の色の違いをよく見てごらん」

私からのヒントを受けて、全員が目を凝らし始めた。

「あ、確かにそうですね。左右で岩壁の色がちょっと違う気がします」

「そうでしょ。どう違う？」

さらに、じっくりと見ているうちに、私の言う違いに気がついてきた。

「左は真っ黒だけど、右の島はちょっと黒いのが薄いというか、青っぽいというか」

「その通り。その意味はどういうこと？」

「そうか、距離が違うのか！」

誰かが気付いた。

「そういうことだな」

「そういうことかー！　右の島が青っぽいのは、あれは遠くにあるんだ」

「正解だな。二つ同じ大きさの島が並んでいるように見えているけど、あれは並んでいるんじゃなく、実は右の島はもっと遠くにあるんだよ。ほら、地図を見てごらん。左の島は、進行方向の、この小さな島で、右の島はちょうど進路上にある、この大きい島。それがたまたま、同じくらいの大きさで並んでいるように見えているだけってことだな」

二つ並んでいるように見えた、水平線上の島は、手前の小さな島と遠くの大きな島がその正体だった。

私が見ているものと、彼らが見ているものは、同じ場所から同じものを見ている。

しかし、私には「見えている」が、彼らにはまだ見えていない。

見ているものと、見えているものには差がある。

私も経験が浅かった頃には、何も見えていなかった。見ているが、見えていなかった。

見ているというのは、ただ網膜に風景が映っているだけだ。見えるようになると、脳内でその微妙な違いを感知して、差異の意味を瞬間的に捉えられる。

私自身、何度も経験し、失敗し、度重なる実践の果てに、やがて見ているものをしっかりと見えるようになってきた。

そのためには、主体的に自分で観察をする意思を持たなければならない。前半戦では、彼らは私の後ろを追従してくるだけだった。何も考えず、ただ漫然と誰かの後ろをついて歩いても、主体的な観察は生まれない。それでは、何百キロ北極を歩こうが、見ているだけで見えるようにはならないものだ。

物事には、多様な側面がある。私たちが見ているのは、常に一つの側面に過ぎない。

例えば、富士山の形を問われた多くの人は、末広がりの八の字型を描くだろう。しかし、宇宙空間から見下ろした視座で富士山を見れば、裾野が広がる円形かもしれない。八の字型と円型の、どちらが富士山の形として「正解」なのかと聞けば、もちろんどちらも正解だと知っている。「富士山の形」という問いに対する唯一絶対的な答えは存在せず、全ては富士山に向き合う相対的な視座によって変化する。しかし、そうと分かっているはずなのに、なぜ最初の質問の時に円形を描かずに、多くの人は八の字型を描くのか。

それは、私たちが地上から富士山を見上げる視座の世界に生きており、その共通認識の中にいるからだ。

地上から眺める視座をとる人が多いほど、それは社会の中で常識と呼ばれ、異なる視座を持つ人は非常識とされていく。

視座の固定化が極まり、社会の常識の中に埋没していくと、やがて富士山の形は八の字型以外はありえない、富士山が円型なんて非常識だと他者を糾弾し始める。

受動的な態度を取り続けている限り、固定化していく視座からは逃れられない。主体的に、能動的に自ら対象に回り込み、視座の転換を起こしていかなければ、対象は勝手に回転して別の視座を見せてくれることはない。

見えるようになるとは、そのような過程を経て、対象が持つ多様な側面を主体的に観察しようとする、態度のことだ。

ホワイトアウト以降、彼らは自分たちの冒険に主体的な関心を持つようになり、意思を持って積極的に観察を始めていた。

西郷の重圧

渡り鳥の群れが今日はあちこちで見られた。

数百羽はいそうな鳥の群れが、一個の生き物のように、水平線の彼方で飛んでいる。最初に発見した時は、あれが何かが分からなかった。黒い雲のような、影のような、イワシの大群が水中で群れて泳いでいるような感じの、鳥の大群だ。

明らかに、昨日から空気が入れ替わった。鳥たちは地球レベルでの大気の動きを敏感に察知しながら、夏の営巣地を目指して北極圏までやってきたのだろう。

無数にやってくる鳥の大群に感動していると、群れのいくつかが私たちの頭上近くまで飛んできた。

「ギャ、ギャ、ギャ、ギャ」

という鳴き声が聞こえ、バタバタバタバタ、という無数の羽音が聞こえたかと思うと、数百羽が私たちの頭上一〇ｍほどを飛び去っていく。

鳥の正体は、ケワタガモだった。

北極圏をさらに北上していった各地で、夏の間に卵を産み、雛を育て、秋になるとまた

春の暖気と共に北上してきた、ケワタガモの群れ

南へ帰っていく。

「すごいなぁ、どこから飛んできたんだろうねぇ」

私は鳥の大群に感動し、最後尾にいた飯島や小倉に話かけていたのだが、先頭をゆくメンバーたちはあまり鳥には興味がないようだった。

「ほら！　また来たぞ！　凄いよ！」

そう私は喜びながら、若者たちに声を掛けるが、それに答えてくれるのは柏倉だけだった。「荻田さん、鳥の群れ、すごいっすね！」そう言いながら、夢中で写真に収めていく。

先頭メンバーたちは、鳥の群れに興味がないというか、ナビゲーションと体力的な辛さが精一杯で、心の余裕がないように見受けられた。私の声かけにも、チラリと鳥の群れを見るだけで、進行を止めようとしない。

先頭をゆくリーダーの西郷は、責任感と重圧が日増しに高まっていた。

毎晩、テントに西郷を呼び、明日のルートを地図上で指示をする。そして、そのルートを外さないように、日中のナビゲーションを西郷が中心になって行っているのだが、西郷も所詮は素人が最近始めたばかりのナビゲーションなので、分からないことが多い。

西郷が判断を間違えることもよくある。間違えると、私に叱られる。それでも、他のメンバーたちは、分からないことがあると西郷に聞いてくる。

「西郷君、この先の進路なんだけど、見えている島のどっちに進んだらいいいんだろう」

二つの並んだ島のような場面においても西郷は、その質問に対して必死に考えるのだが、聞いている側も聞かれている側も、同じような能力レベルなので、答えは分からない。

スタート当初から、西郷は体力的に劣る女性メンバーたちのサポートを行い、隊全体がゴールするための方策を、彼なりに必死に考えて動いていた。

西郷と同じテントの大和田は、キキクタルジュアクで山のように食料を買い込み、ソリ

西郷が中心になってナビゲーションを行う

にはなぜか、マスタードやケチャップ、大量の肉の塊が積まれていた。西郷は、大和田のソリを見ては「あつし、そんな余裕があるんなら女の子たちの荷物を持ってやれよ」と、言いたい気持ちを抑えながら、一人で右往左往していた。

イカルイットでの準備中だったろうか、私は西郷に「もっと楽に生きた方がいいよ」と声をかけた。彼は、自分ができることを自分自身に対して証明しようと頑張るが、現実にはできないことが多く、そこで悩むことが多かった。

極地で最も強いのは誰か。そんな話を、北海道の合宿で私からメンバーたちにした記憶がある。チームで歩く時、強さとは何か。体力的な強さ、精神的な強靭さというのは、自然を前にすると簡単に折れてしまう。自然の方が遥かに強いからだ。

極地で最も強いのは、困った時は迷わず誰かに助けを求められる人だ。そんな話をした。体力的にも、精神的にも強さを自覚している人は、同時にプライドにも強さがある。すると、自分の強さが通用しない時に、その事実を受け入れ、誰かに助けを求めることを躊躇してしまう。

人に助けを求められることが、本当の強さだ。

チームというのはそうやって、出っ張ったり、凹んだりしているメンバーたちの集合体として、補い合う必要がある。だからこそ、今回のチームには多様なメンバーが集まって欲しかった。そのために、参加基準を何も設けず、選考も選抜も行わず、かけられてもいない募集に対して参加希望を伝えてきたメンバーは無条件に連れていく、という手法をとったのだ。

西郷は、成り行きでリーダー的な立場になっただけだ。私が任命したわけでもなく、彼が立候補したわけでもない。しかし、彼はリーダーとしての立場を受け入れ、周囲もそう認識し、私も彼をリーダーとして扱ってきた。

当初は、西郷自身が任された立場に誇りとやる気を覚え、その責務を全うしようと張り切っていたが、旅の後半戦になってやる気と能力的な及ばなさのギャップを本人も自覚し、それに悩み、苦しんでいる様子があった。

だからこそ、あえて私はさらに追い込んだ。誰かに助けを求めるのは、本当に苦しくなってからだろう。もし、西郷が助けを求めなくても、その苦しい時の仲間達からの助けは、西郷の心に必ず届くはずだ。

私は、西郷に責任を預け続けた。

リーダーとしての資質

四月二十八日。二十二日目。

ホーム湾を北側まで進み、島越えの上陸地点が間近に迫っていた。

気温が高く、日中はマイナス七度ほど。

午後、地図に「ブレイキングクリーク」と記された河の入り口に到着した。この河を登っていき、四〇kmほどの半島を越え、その先の海に出る予定だ。

上陸すると、すぐに西郷が中心になって島越えのナビゲーションを相談し始めた。地図を広げ、太陽の位置、時間、コンパスで方角を確認しながら、目指すべき進路を決めていく。しかし、なかなか進路が決まらない。

「どう？　進行方向決まった？」

私がそう尋ねても「いや、ちょっと確認を」と西郷は答える。昨夜、私のテントで今日の進路は西郷に指示しているが、実際の地形を目の前にした時に、地図で示している進路がどちらの方角であるのか、確信が持てない様子だ。

「確認って、何の確認？　昨日の夜、進むルートは教えているでしょう」

「あ、はい、いま行きます」

私に急かされて、西郷は地図とコンパスを仕舞い、先頭になって歩いていくのだが、しばらく歩くと再び進行を止め、また地図を広げ出した。

進路が分からないのであれば「分からない」と言えば良いだけなのだが、西郷はそれが言えずにいる。

「とりあえず、この河をまっすぐ登って行けばいいんだ。何を迷っているんだよ」

ホーム湾から北上している間に、半島に目立つ山が見えていた。その山を目印にしてここまで歩いてきており、その山を右手に見ながら河を登って行けばよい。単純なことなのだが、西郷はやや混乱しているようだった。

陸上のナビゲーションは、海氷上よりも難易度が高い。それは、緩やかに登り下りをするこのあたりの地形では、なおさらである。海氷上では、標高の高低差はないので、決めた進路を真っ直ぐ歩くのは簡単だ。しかし、陸上では地形の作用で真っ直ぐ行きたいがここは登りがきついので、ちょっと回り道をして行こう、一旦ここは下ろうか、そうやって直線的な進路が曲がらざるを得ない場面が多い。それを繰り返すと、自分が本来どっちの方角に行こうとしていたのか、把握しにくくなる。また、目印にしていた目標物も、自分が窪んだところに降りれば見えなくなってしまう。

もちろん、そのような環境でも、経験を積んでいけば問題なくできるようになるのだが、この時の西郷には、この陸上のナビゲーションはまだ難易度が高かった。

意を決してまた進行を始める西郷だったが、最後尾で見ていると、本来の進むべき方向からやはりズレている。

「何やってんだよ！　こっちだろう！　目標にしてた山がそこに見えてるんだから、あれを目印にしろよ。全然観察できてない。ぼーっと見てるからだ」

私が語気を荒げて西郷を叱責すると「すいません、でも、ぼーっと見てたわけじゃないです」と答えた。

西郷は、極めて真面目に観察しようと心がけていた。しかし、全体の中での空間認識ができていない。

そんな西郷に対して、進行方向を知りたいメンバーが「西郷さん、どこを目指せばいいんですかね？」と尋ねることで、さらに西郷は追い詰められた。メンバーたちも何気なく、自分が分からない進路を西郷に尋ねてくる。その疑問に応えようと、正解を考えるのであるが、その答えに辿り着けない。そして、私からは圧力がかかる。

私と他のメンバーの間に立ち、中間管理職のような状態だ。上司（私）からはパワハラまがいの圧力を受け、部下（メンバー）たちからは正解の進路をせがまれる。もう、俺はどうしたらいいんだ！　と爆発寸前だ。

キキクタルジュアクでのシャワー事件の夜、花岡と池田をテントに返したあとに、西郷は私と柏倉のテントに一人でやってきた。あの時彼は、もっと自分は強くなりたい、そう話した。周囲に対して八方美人のように振る舞ってしまう自分が嫌で仕方がないのだが、嫌だと思いながらそれを変えるチャンスがこれまではなかった。今回、自分の殻を破りたいんだと、涙を浮かべて思いを打ち明けてきた。

「北海道の合宿の時に、みんなに、西郷君って怒らないよねって言われたんですが、僕、怒らないいんじゃなくて、怒れないいんです」

西郷は、私と柏倉に打ち明けるように話し出した。

花岡（左）は年下の西郷（右）をサポートしていた

「僕はすごく甘い、すごく弱い。昔からそうなんです。能力のある人は、その魅力で好かれて人が集まるんですが、僕にはそれができなかった。だから、お人好しでここまできてしまった」

私は、西郷の姿をずっと見ていて、準備期間中から合宿、そして歩き出してしばらくの間も、作り笑顔が多いと感じていた。心の底から湧いてくる自然な笑顔というよりも、対外的な笑顔だ。きっと、本人は作り笑顔をしているつもりはないのだろうが、不自然な笑顔が多いと思っていた。

それは、誰からも好かれる、お人好しの西郷君というキャラクターを無意識に演じているからなのだろう。

自分が感情を露わにすることで、周囲の雰囲気が悪くなることを心のどこかで恐れている。お人好しを演じるのは、彼なりの自己防衛策なのだ。

シャワー事件で、花岡と池田を激しく叱る私の怒号を、テントの外で黙って聞いていた西郷には、強く思うところがあったようだ。

「でも今日（シャワー事件）、荻田さんの叱る声を聞いていて、僕が思ったのは、怒れないとか、そういうことじゃなくて、本当に必要な時には怒れることが本当に優しいんだろうなって。僕に足りないのはそこだなって。昨日、最後に未歩が泣きながら頑張っていて、なんとかしてやりたいなって思っていたんですが、何もできなくて。僕自身、その甘えとか弱さが今日出てしまった。本当のするべき優しさってなんだろうって」

言葉に詰まりながら、暗いテントの中で西郷は語っていた。

彼には、自分ができる人間でありたいという思いがあり、そのために努力を重ねて、社会では器用に立ち回っていた。しかし、その一方で本当に厳しい局面からは逃げてしまう性質があると、彼自身で感じていた。社会ではそれでものらりくらりとやり過ごせるかもしれないが、今回のこの北極行では、逃げ場がない。西郷自身、そのような逃げ場のない環境に自ら飛び込むことで、人間的な成長を望んでいるのだと、私は思っている。

だったら、この冒険行で彼が体験するべきは、逃げ場のない厳しさに向き合い、辛い時は誰かに助けを求め、また誰かの助けのありがたさを身に沁みて感じることだろう。できるかできないか、それは能力の問題なので仕方がない。彼がナビゲーションをできなくても、問題はない。全ては私の掌の上で行われていることであり、最終的な進路の正否は私が把握している。

私が見ているのは彼の能力ではなく、リーダーとしての姿勢があるか、そして、人間的に向上しようという気持ちがあるか、である。自然と任されるようになったリーダーという立場から逃げずに、どこまで立ち向かえるか。その一点が重要だ。


四月二十九日。二十三日目。

目が覚めると、寝袋のサイドジッパーを開いているようになった。先日のケワタガモの群れと一緒に、春の大気がやってきた。

午前中は緩やかな丘を登り下りを繰り返し、午後からは半島北側に流れ出る急流を下っていく。

川底に降りる雪のついた斜面では、ソリを滑り落とし、楽しみながら歩いた。

夏には、大量の水が流れるのであろう、深くえぐられた谷底を降りていくと、視界の先に海が広がっているのが見えてくる。

夕方、半島を超えて海に出た。

全員が笑顔になる。ナビゲーションに苦労しながらも、海に出ることができて西郷の笑顔も弾けた。

「西郷ちゃん、歩く時の休憩を入れるタイミングなんだけどさ、隊列が間延びしていると、後ろの方のメンバーが休む時間が短くなっているのが気になってるんだけど」

花岡が西郷に声をかけた。

「あぁ、俺も思ってたわ。どうしたらいいかな？」

その会話を隣で聞いていた飯島が「それなら」と、こうすればいいんじゃないか、いや、それよりもこんな感じで隊列を詰めると良いのではないか、そんな会話が自然と交わされていた。

メンバーたちの間で話される内容も、どのように進行していくか、疲労が濃いメンバーをどうサポートしていくか、そんな言葉が多くなった。

そして、その中心にはしっかり西郷がいる。年上の花岡も、西郷を立ててリーダーとして扱っていた。

ここまで四八〇㎞ほどを歩き切り、ゴールのクライドリバーまで一三〇㎞。あと六日というところだろうか。

爆風を読む

四月三十日。二十四日目。

昨日、島越えを終えたが、この先にはクライドリバーの手前にもう一つ大きな半島がある。

フィヨルドの一つが、海に向けて扇状に大きく開いたイザベラ湾を四〇kmほど北上すると、二つ目の半島越えが待っている。

いつも通りに朝八時に出発。歩き出す時には無風で暖かさを感じていたのだが、二時間ほど経った頃から風の様子がおかしくなってきた。

最初は、風が吹いたり止んだりと、呼吸をするような強弱を感じた。珍しい吹き方だなぁと思いつつ、最後尾で空の様子、雲の動きや肌に感じる湿度を観察した。

やがて、風が巻くように、前後左右、あちこちから吹いてくる。これはおかしいぞ、と思っていると、風が見る間に勢いを増してきた。

続いて、北側の小さな島の向こうのほうから、ゴォゴォと唸るような、重低音の風の音が聞こえてくる。

その直後から北からの風がどんどん強くなり、氷上の雪を吹き飛ばしながら地吹雪のような状態になってきた。

気温は高く、空も快晴で太陽光は暖かい。が、如何せん風が強すぎる。いよいよ本格的な突風が吹き始めると、風速二〇m近くはありそうだ。風上に向けては、到底ソリを引いて進むことができない。というか、風に煽られて真っ直ぐ歩くことも困難だ。

そこからは私が先頭に立ち「全員ついてきて!」と大声で指示を出し、全員を率いて急いで北側の島の近くに避難した。北風を遮ってくれる、南向きの切り立った斜面の下で立ち止まり、少し様子を伺った。

ここからのルートは、いま風よけにしている島の西側に、もう一つ別の島があり、ふたつの島の間の水道を北上する予定だ。地図を見ると、ふたつの島の岸壁は切り立ち、狭い海峡はおそらく漏斗の細い部分のように、風が集まってとんでもない強風になっているはずだ。

その水道の方を見ると、水平線の霞み具合から、ふたつの島の間を爆風が吹き抜けていそうな様子が見てとれた。

「今日はもうここで歩くのはやめよう。この風であの水道に入ったら、とんでもないことになる」

全員に、今日はここでキャンプを張ることを伝えた。三時間しか歩いていないが、ここで進むのは完全な判断ミスである。

幸い、私たちの北側に切り立った崖を持つ島があるので、暴風はだいぶ軽減されている。背後の崖の上部を見ると、北風が猛烈な勢いで雪煙を巻きながら吹き抜けているのが分かる。ちょうど避難できる場所が近くにあってよかった。

先ほどまで、風の中を歩いてきたので気付かなかったが、テントを立ててみると、日差しの暖かさに驚いた。風はあるが気温が高く、日射が非常に強い。

これは、明日から午後は歩けないだろう、そう感じた。この様子だと午後は暖かすぎて、雪の表面が溶け出してソリの抵抗感が増してしまう。明日からは出発時間を段階的に早めていこうと決めた。

「そういえば、そろそろ日本は平成から令和じゃないか？」

そう私が若者たちに声をかけると、みんなが「そうだ！」と気がついた。

二〇一九年四月三十日の午後。日本ではそろそろ五月一日に日付が変わる頃。この日を境に、元号が平成から令和に変わる。だからと言って、我々は特に何も変わらないのであるが、せっかくなので日本が令和になる瞬間に、全員で記念撮影を行った。

白夜による時間の活用方法

五月一日。二十五日目。

いつもの朝八時出発を早め、五時出発に変

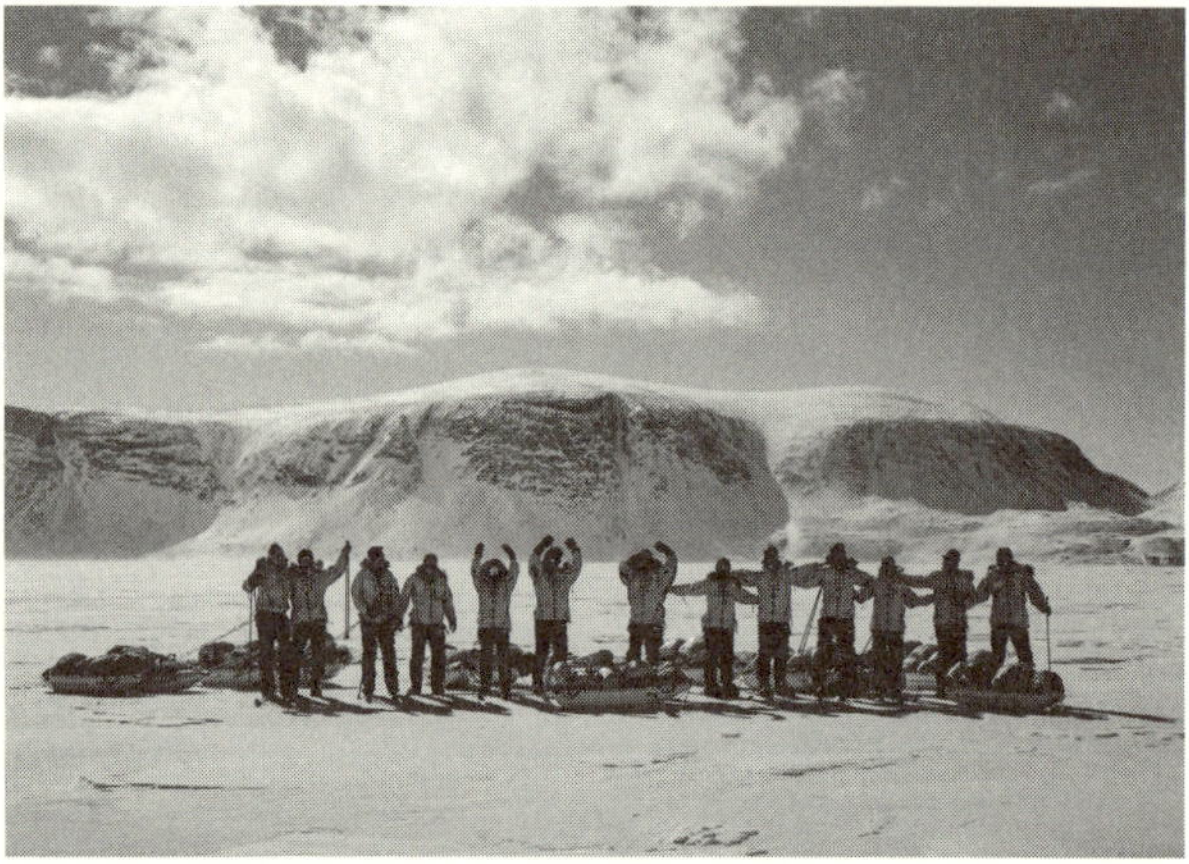

平成から令和に変わった瞬間、集合写真を撮ってみた

更した。

夜のうちに全員には出発時間を早めることを伝えていた。また、明日以降は様子を見て、段階的にさらに出発時間を早めようと思っていることも伝えた。今日は朝五時出発であるが、明日はさらに二時間早めて、三時出発にするつもりである。

日の出時間は午前三時頃で、日没が二十二時近くである。もう、夜中でも暗闇になることはなく、陽が沈んでも水平線はぼんやりと明るいまま、再び太陽が昇るようになっている。

極地冒険においては、春先に行動時間を昼から夜に移動することは、行動様式として古くからある手法だ。

雪上の移動においては、雪面に硬さがある方が進行は圧倒的に楽である。太陽の高度も上がり、春の暖かい大気がやってくると、午後は雪面の硬さが失われて進行には不利になる。そのため、まだ寒さがあり、日照時間が伸びて視界も確保できる夜間に行動時間を移す。

この発想は、白夜という極地特有の現象があるからこその独特の考え方でもある。

私が二〇一四年に北極点無補給単独徒歩到達に挑戦した時は、白夜による時間の活用方法として「一週間を六日として行動する」という手法を計画段階で考えていた。

実際には、その手法は使わなかったのだが、今後の極地冒険に臨む人たち、別の冒険の参考として紹介する。

まず、北極の冒険には季節の変化に基づく時間の制限がある。海氷が安定しているうちに行動を終わらせなければならない。

私が北極点に向けて、カナダ最北端のディスカバリー岬を出発したのが、三月上旬。北緯八三度のその地点だと、まだ日照時間は四時間ほどしかない。気温も低く、二〇一二年に一度目の北極点挑戦を行った時にはマイナス五六度まで計測した。

高緯度になるほど、春先の日照時間は日毎に伸びていく。三月上旬に北緯八三度から北上していくと、大体、毎日三十分ずつ日照時間が長くなった。一日で日の出が十五分早まり、日没が十五分遅くなる。すると、四月になる頃には完全に白夜となり、太陽は水平線には沈まなくなる。

「一週間を六日で行動する」という計画は、北極点を目指す最終盤の選択肢として考えていた。

当たり前の前提であるが、一日は二十四時間であり、一週間は七日で一六八時間である。一日十二時間行動すると、一週間で八十四時間の行動時間となる。

ところが、一週間一六八時間を六日として考えると、一日は二十八時間になる。白夜となり、太陽が沈まなくなると、一日を必ずしも二十四時間で考えなくても良い。一週間を六日で考えた時、一日あたり四時間長くなる。その四時間を行動時間に回すと、一日十六時間行動で、それが六日だと九十六時間の行動時間となる。

同じ一週間、一六八時間の使い方として、七日行動よりも六日行動にすると、行動時間が全体で十二時間増える。通常の七日計算の時よりもさらに一日分の行動時間が増えることで、進行距離が伸び、しかも一日分の食料や燃料が節約できる。食料などの物資というのは、私たちにとっては動くことができる時間と等価だ。一日分の食料は、一日の時間である。

つまり、一週間を六日計算として、一日二十八時間、十六時間行動をすることにより、同じ一週間一六八時間の中で、一日分の行動時間が増えながら、食料も一日分節約できるということで、実質的に二日分の貯金が生まれるのである。

一日の行動時間が長くなることで、体力的な消耗はあるが、旅の最終盤で荷物も軽くなり、ラストスパートをかける段階においては、非常に有効な手段となる。

物理的な時間制限の中で、その時間を最大限に有効活用する方法が古くから極地冒険の世界には存在している。過去の極地探検の記録を読むと、行動時間を昼から夜間に転換させた例が多数ある。というか、実際にこの時期に北極圏を歩いていれば分かるのであるが、昼は暑すぎるので夜に歩いた方が効果的だというのは、誰でも思いつくことである。

行動時間を変える

今朝は風も収まり、マイナス一二度と歩くには快適な気温だ。

いつも通りに、出発準備が整ったところで西郷から今日の進行ルート、計画を全員に説明して歩き始めた。

昨日、暴風が吹き抜けていた二つの島に挟まれた水道は、雪面が風に叩かれて固く締まっている。

北上していく私たちの足元に、時々マンホール大の氷の穴が現れた。穴は海水が露出し、水の表面が凍っていないもの、凍り始めているものがある。

「荻田さん、これってなんですか？」

そう尋ねてくるので「アザラシが呼吸したり、日向ぼっこするのに水中から氷の上に出入りする穴だよ」と教えた。

この時期は、水中で魚を追いかけているアザラシたちも、氷の上で日向ぼっこをしている姿をよく見かける。また、哺乳類のアザラシは、このような穴を開けておいて呼吸をする。

ホッキョクグマたちは、アザラシの穴を見つけると、アザラシが呼吸に上がってくるのを穴の前で待ち、獲物を捕るという。

かつてのイヌイットたちも、ホッキョクグマの手法と同じように、銛を持って穴の前で何時間でもアザラシを待っていた。しかし、近年ではライフル銃での遠隔狙撃でアザラシを捕るのが一般的であり、かつてのように穴の前で何時間も粘るような狩猟はあまり行わない。

遠くに、日向ぼっこをしているアザラシの黒い姿も、いくつか見られるようになってきた。

昼が近付くと、気温はどんどん上昇していく。寒暖計を見ると、零度付近を示している。

今日から行動時間を早めたのは正解だった。

十三時半には行動を切り上げ、キャンプとした。

昼と夜で行動時間を変えることのメリットは、キャンプにもある。

暖かい午後から夜にかけてキャンプをした方が、気温も高く、キャンプ自体が快適である。暖かく寝ることもできて、疲労の回復にも良い。汗で濡れたものも太陽光で乾燥させられるし、燃料の消費量も格段に減る。

三浦、小倉組は、テントの外にマットを広げて、夕食を食べていた。

午後の強い日差しと暖気で、テントの外の方が快適であるのは明らかだった。

西郷の苦悩

五月二日。二十六日目。

昨日の朝五時出発から、三時出発とさらに時間を早めた。

まともにソリを引いて歩くことができるのは、もう昼までだと感じていたので、三時から十二時までの九時間行動とした。

順調に行けば、今日を含めてあと四日行程でクライドリバーにゴールできるはずである。あと一〇〇㎞ほどまで迫っていた。

出発する頃に、水平線から太陽が登り始めた。まだひんやりとした空気の中、足元に長い長い影が伸びていた。

クライドリバーへの最後の関門となる、もう一つの半島越えの上陸地点を目指す。

西郷には、上陸地点の目安になる河口を地図上で示し、その地点よりもやや右側（東）を目指すようにと指示をしている。上陸地点の河口の左側（西）は、地図を見ると切り立った斜面になっている様に感じるので、様子を見ながら河口のやや右側を、という指示である。

しかし、実際に歩き出すと、右へ曲がりすぎだ。

「どこを目指しているの？」

先頭は市川が歩いていた。私が西郷に尋ねると「いや、右の方を」と答える。その横で、市川が「あれ？　間違えた？」という怪訝な表情をしていたが、市川には何も言わずに西郷に詰め寄った。

地図上では、その方向にもう一つ別の河口部があるのだが、そちらに向かっているように見える。

「右だと言ったが、その意図は昨日言ったよな？　なんでこんなに極端に曲がるんだよ。歩く距離の無駄だ。隣の河にまできちゃってるじゃねぇかよ。右に行けって確かに言ったけど、程度ってもんがあるだろう」

私が西郷を叱ると、花岡や市川、諏訪、小菅が集まってみんなで地図を広げて進路の相談を始めた。

「いいか、あそこにもう半島がはっきりと見えているだろう。あの広い島影のどこが上陸地点なのか。地図上で、いま自分たちがどこにいて、上陸地点がどの方角なのか。ちょうど真北に上陸地点があるよな。じゃあ、真北はどっちか。太陽の位置、時間、コンパス、それで正確に分かる。で、その方向を見れば、うっすらと河口らしき地形が見えているだろう。分かる？　あれを目指して、少しだけ右に意識を払って進むんだよ」

目指していた河口は、やはり海に向かって急流が落ちていくような地形だったため、地図上でその右側、河口からやや東の斜面を上陸して登っていった。

西郷にとって苦い記憶のある、陸上での島越えナビゲーションが再び始まった。

上陸して徐々に高度を上げていく。いくつかの小さな河を横切り、緩やかな台地を登っていくのだが、どうしても進路が曲がっている。私のナビゲーションよりも、一五度はズレている。

先頭はいつ気付くのか。西郷は気付くのか。しばらく待っているが、一向に進路がズレていることに気付く様子がない。先頭、西郷、では他のメンバーはいつ気付くのか、それもどうやら誰も声を上げない。

いよいよ私も堪り兼ねて「ちょっとストップ！」と、最後尾から声をかけた。

おそらく、この頃の私の声かけは、西郷からすれば恐怖の声かけだったことだろう。進行を止められたことで「えぇ！　何か間違えた!?」という、死刑宣告にも似た気持ちだったに違いない。

「進路はこれで正しいのかよ！　後ろから見てるが、全然違う方向に進んでいるのに、なぜ気付かない！　それに、なぜ誰も気付かないんだよ！」

私は西郷を中心に、先頭集団のメンバーたちに声を上げた。私は続けた。

「先頭が気付いていないのなら、後ろが気付いて教えてやれよ！　なぜみんなで間違った方向に黙って進んでいく！　ボケっとしてるんじゃねぇよ‼」

私は激しく叱った。

他のメンバーたちも、どこかで西郷に責任を押し付けているような雰囲気もあった。

「西郷君、進路はどっち？」

そう尋ねるのは良いのだが、進路やナビゲーションに関して指示された通りに、受け身で望むのではなく、全員が積極的に責任を分担しながら歩く必要がある。

ホワイトアウトの前までは、全員が私に依存をしていた。私の後ろを追従し、言われる通りに歩くだけだった。今はどうか。主体的な姿勢には変わってきたが、依存先が私から西郷に転嫁しただけとも言える。もっと、全員が当事者として協力をしてほしい。

私はこれまでの極地冒険の多くを、単独行で歩いてきたが、二人で行動したことも過去にはあった。単独行と複数人でのチーム行動というのは、果たしてどちらがより危険で、どちらがより安全なのか。一般的には単独行は危険で、チームの方が安全性が高いと思われる。しかし、複数人での行動においてであるが、お互いに依存するような気持ちがある時は、チーム行は危険性がより高くなると、私は思う。

自分以外の誰かが一緒にいる時、多くの場面で相手に対する「予断」が生まれる。予断とは、前もって判断すること。見込み、予測ということだ。相手が他人である以上は、相手の行動は完全に把握しきれない。例えば、何かやらなければいけないことがある時に、お互いがお互いに「相手がやってるはずだ」という依存する気持ちが、現実にはやるべきことが果たされないという、誤った予断、見込み違いを招く。

しかし、単独行でそれが起きることはない。自分の行動は自分で把握できる。

明らかに間違っている方向に進みながら、誰もその間違いを指摘できない、西郷自身も気付けない、というのは、全員の中に誤った予断があるように感じた。

「間違っていれば西郷君が気付くはず」

「誰も疑問に思わないので、この方向で良いはず」

「どっちかよく分からないけど、俺は知らん」

あくまでも、ナビゲーションは西郷の仕事で、自分は思ったことを口には出すけど責任は取れないよ。そんな気持ちがあるようだ。

進路が間違っていることは仕方ない。陸上のナビゲーションの難しさ、彼らの経験の少なさを思えば仕方ない。しかし、問題は主体的な疑問も持たずに、先頭に追従してしまう姿勢だった。

どの立場にいても、自分なりに考え、疑問を持って臨むことが必要だ。それが「よく見ろ、ボケっと見るんじゃなく、よく観察しろ。よく聞け、ボケっと聞いてるんじゃなく、しっかり耳を傾けろ」と言い続けてきたことだ。その姿勢は、社会に戻った時にも、これからの人生においても、必ず彼らの役に立つはずだ。

十四名の「場」を作る

半島越えのルート上に目印となる、標高一〇〇〇フィート（約三〇〇m）の丘が見えてきた。

その丘を左手に見ながら回り込み、なだらかな丘陵地が広がる雪原で昼十二時にキャンプを設営した。

快晴、ほぼ無風。気温はマイナス二度ほど。太陽光が暖かく、快適なキャンプだ。

テントを張ると、全員が外にマットを広げ、鍋やストーブを稼働させて屋外での夕食（と言っても時間は午後早い時間）をとった。

キキクタルジュアクで買っていた、それぞれが秘蔵の食品などもここで出している。小瓶のウィスキーを出してきたヤツもいる。酒はキキクタルジュアクでは売ってないので、どこから持ってきたのか。

のんびりと、気持ちの良いキャンプである。穏やかな空気の中で、楽しげな時間だ。

やっていることは、以前のペプシコーラでの大騒ぎや、キキクタルジュアクでの焼肉パーティと同じようなものだが、雰囲気は落ち着いている。あの時は、浮ついた気持ちで、彼らの魂は実際の身体と遊離してここにあらず、という具合だったが、今は違う。楽しげにしているが、以前よりも地に足がついている。

大和田と飯島は、風呂に入ると言い出した。

暖かい午後。大和田と飯島が体を洗う

何をするのかと思っていると、テントの中でパンツ一丁になり、裸足で飛び出て雪の上を転がり、雪を体に擦りつけ、沸かしておいたお湯を頭に浴びて洗髪している。

頭を洗うのは良いな、と私も思い、最低限のお湯の量で頭を洗ってみた。二十六日間の頭皮の脂は簡単には落ちないが、それでも少しさっぱりした気分になった。

クライドリバーまでの距離を測ると、残りは七〇㎞ほどだった。

行動はあと三日だろう。

チーム全員の雰囲気は良い。メンバー同士の仲は良く、助け合う姿勢がある。が、もう一段ギアを上げることは可能なはずだ。

彼らが旅の手応えをどこまで摑んで帰ることができるだろうか。自分たちの行動に対して、真剣に向き合うその深度が深いほど、その理想が高いほど、旅はより彼らの血肉となるだろう。

その場を作ることが、私の役割だ。

彼らが物事を知るのは、私からではなくて、北極に集まった、私たち十四名の「場」からである。北極の自然と、ここに集った仲間たちの関係性が場を作る。私の仕事は、その場を作り、場の手入れをするところまでだ。

進路変更の根拠

五月三日。二十七日目。

地平線に太陽が上り始めた午前三時。マイナス一六度と、ここ最近では冷え込んだ朝になった。

いつも通りに、西郷から全員に今日のルートと進行予定、ゴールまでの距離などを伝え、歩き出した。

風もなく、快晴で気持ちが良い。地平線の太陽は、なだらかな丘陵地をオレンジ色に染めている。

半島を北西方向へ進み、海を目指した。今日中には海に出られるだろうか。

太陽が徐々に高くなっていく。最後尾で隊全体の進む様子を見ていると、全員が歩いた轍が随分と右に左にクネクネしている。顕著な目標物のない、緩やかな丘陵地を歩いていると、地形のアップダウンで轍は曲がって見えるものであるが、それにしてもよく曲がる。まっすぐ、一方向に向けて歩くのがやはり下手だ。それは仕方がない。多少のクネクネは目をつぶって、私も先頭に従って進んだ。

最後尾にいた私は、この時はよく分かっていなかったのだが、進行方向が左右に曲がるには理由があった。

西郷を中心に、先頭でナビゲーションをするメンバーたちは、交代で先頭に立ち、その後ろのメンバーたちは曲がっていることに気が付いたら先頭に「もっと右だ」「左だ」と声をかける、という手段をとっていた。

しかし、このやり方はさらにナビゲーションに混乱を招く。

誰かが確信を持って「あちらに進む」という意思を持ちながら、他のメンバーが補正を行うのではない。そうではなく、最終決定権者があやふやなまま、誰かが「右だ」と思って言葉を発すれば右に行き、また他の誰かが「いや左だ」と思えば左に行く。

中心的な頭脳不在で、場当たり的な「もっと右だと思う」という、あやふやな誰かの言葉で曲がり続ける状況だった。

その状況を、西郷は制御できていなかった。

太陽も十分に高度を上げた頃、事件は起きた。

昨夜、私のテントにやって来た西郷には、地図上で今日の進行ルートを示していた。半島を海に向けて北上していくその途中、海への下り斜面に入る手前に、二つの小さな丘が地図に記載されていた。

「明日はさ、この等高線の集まった二つの丘の、間の谷間を抜けて北上してね」

私は西郷にそう指示をしていた。

進路の先に、昨夜話していた二つの丘が見えてきた。あの間を抜けていくように指示をしていたのだが、どうも先頭の進路がずいぶん左に逸れていく。

見た目に分かりやすい、あの二つの丘を見間違えることはないはず。が、明らかに二つの丘の中間を目指している様子ではない。

私は、先頭集団の意図を想像してみたが、よく分からなかった。

二つの丘の中間を進むのは、そこが最も高度が低く、勾配がないので体力的に楽だからだ。

しかし、左に見えている丘の、さらに左側を目指しているうちに、どんどん登り傾斜がキツくなってきた。

いよいよ本格的な山登りのような斜面に変わってしまったところで、私は先頭に追いつき、進行を止めた。

「ちょっとストップ！　西郷君、この進路の意図は何なの⁉」

私の声かけで、西郷はギョッとして振り返った。

「この丘は、右から回り込むように指示しただろう。なんで左に来てるんだよ。すげー山登りになってるじゃないかよ。なんで進路を変えた。この意図はどういうことなんだよ」

私は、以前から西郷には「明確な根拠があるのであれば、必ずしも指示通りに進まなくても良い」と伝えていた。自分なりの判断があり、理由があるのであれば、それで良い。私の指示だけに従うのでは、序盤戦とやっていることは同じだ。

しかし、この時は最後尾から見ていて、意図が分からなかった。そして、この進路は明確な判断ミスである。

「どういうこと」

問いかける私に、西郷はあたふたして答えた。

「いや、さっき先頭のみんなで話していて、地図を見たらこの山は左からの方が進みやすそうに見えたので」

「進みやすそうに見えた？ それの根拠は何？ 地図のどこからそういう判断になった？」

根拠を問い質す私に対して、西郷は言葉が続かなかった。

くせものなのが「みんなで話して」という部分だ。これは、最終的な責任は私ではありません、みんなでそう話した結果なんです、という責任転嫁が思わずこぼれ落ちた言葉である。

「こんなに登りになるとは思わなかったです」

そう続ける西郷に、私は言った。

「根拠があるなら、指示には従わなくても自分の判断で良いと言ったが、このルートには根拠がない。そういう、そこまで登らないはず、とか、こっちの方が楽そうに見える、なんていう無根拠でメンバーを引っ張るんじゃない‼」

「はい、すいません」

私は、ルートを間違えたことを叱るつもりはない。そうではなく、全体の空気に流されるように、明確な根拠もなく、判断の主体不在のままにルート変更をしたことを、激しく叱った。

「こっちが楽そうだ、とか、そういう根拠もない希望的観測で隊を率いるな。危なくて仕方ない。全員をどこに連れていくつもりだ」

目前の丘はそのまま登り切り、再び降って反対側に降りていった。

その後も、西郷はナビゲーションが定まらず、完全に能力の限界を迎えていた。いっぱいいっぱいの様子である。

西郷の様子を見て、他のメンバーたちも積極的にナビゲーションに参加し、協力してほしいと私は思っていた。叱られるのも責任も、全て西郷持ちで、自分たちは思ったことを無責任に「右だ左だ」と言っていれば良いのではない。

そうではなく、全員がやるべきことを自覚し、責任を等しく分担して、チームの一員として自分の旅を楽しんでもらいたい。

そんな状態になるまで、もう一息のはずだ。

さらに集中力を高め、チーム全体が一つのまとまりとして闘う集団にギアを上げていくために、何が必要になるだろうか。

午前十時頃から海に向かっての下り斜面に入っていった。

広い雪原を、緩やかに下って海に向かう。

やや斜度があるところでは、ソリにまたがって滑り降りていく者、スキーで滑りながらソリを滑り下ろしていく者、楽しげな様子だ。

遠くに、真っ白な海が見えている。もう、クライドリバーは近い。そして、残された時間もわずかである。

こみあげる苛立ち

五月四日。二十八日目。

昨日までの踏破距離は五六〇㎞。クライドリバーまではあと四八㎞ほどである。順調にいけば、明日にはゴールできるだろう。

海まであと三㎞を残し、昨日はキャンプとなっていた。

今朝は朝から雲が厚く、雪もチラついている。気温が高く、生温かい。視界が悪い一日になりそうだ。

午前三時。全員が出発支度を整え、集合した。西郷が、今日の進行を説明する。

「おはようございます。ええと、ここから海まではあと三㎞くらいです。川を下っていけば海に出るので、また出たところで進路を確認しようかと思います」

「ゴールまではあと何キロ？」

私が西郷に尋ねた。

「海に出たところから、クライドリバーまでが四五㎞なので、残りあと四八ですかね。今日と、明日にはゴールしたいですね」

西郷が先頭に立ち、海に向けて出発した。

なだらかな河を下ると、一時間ほどで海に出た。乱氷が隆起した合間を縫って海氷に立つと、さて、その先の進路はどちらなのか、西郷が中心になって相談が始まった。

地図を見ると、進路上にはいくつかの島があるはずであるが、今日の天候では水平線の視界はあてにならない。目視では島影が摑めないので、コンパスを頼りに東西南北を判断し、進路を決めた。

クライドリバーへの進路は北北西である。海に出たところから、すぐ北にある島の西側の岬を通過して進んでいく予定だ。

しかし、その北側の島がまず見えない。西郷から先頭が大和田に変わると、やたらと進路が曲がり出す。

「いや、俺、こんな見えないんじゃ分かんねーから」

そう言いながら、やたらとクネクネと曲がる。その頃には、ぼんやりと霞の向こうに北側の島が見えてきた。私も堪り兼ねて、大和田から交代した花岡に指示を出した。

「もうそこに、島が見えてきているでしょう。通過する西側の岬の方角は推測できるはずだから、考えて進んでみて」

「はい、分かりました」

花岡は、私の指示を聞いて歩き出した。

それにしても、この辺りは積雪が深い。地形の影響で、雪が吹き溜まるところなのだろう。気温の上昇もあって、スキーが潜ってしまう。ソリ引きにはかなり疲れる雪面状況だ。

先頭は、時間を決めて交代しながら歩いている。花岡、大和田、小菅、諏訪、安藤、市川、あたりが交代で先頭を務める。そのまとめ役として、西郷がいる。

北に見えている島の姿が、次第にはっきり見えるようになってきた頃だった。

私たちの進路に並行するように、スノーモービルの轍が現れた。

もうクライドリバーの村は近い。村の人たちが狩りに出たり、頻繁に活動する地域に入ってきたようだ。

スノーモービルの轍は、北の島の中央部に向けて伸びている。私たちの目指す進路は、その島の西側、やや左方向である。轍と、私たちが目指す進路には、角度にすれば一五度くらいの差があった。しかし、今の視界では、このスノーモービルの轍を参考にして歩くのは悪くない。しかも、足元のこの積雪では、深雪を歩くよりもスノーモービルが一度踏んでいる轍の中を行くのは、雪が固く締まっているので楽だろう。

先頭集団のメンバーたちもそれを感じたようで、スノーモービルの轍を捕まえて、その上を歩き出した。

そうやって、何度かの休憩を挟みながら、北に見えている島が次第に近付いてくると、本来目指すべき島の西側の岬も見えてきた。

しかし、先頭はスノーモービルの轍から出て、正しい進路に進もうとはしない。私は最後尾から、彼らの様子を観察していた。誰が、どんな行動をとっているのか。これから、彼

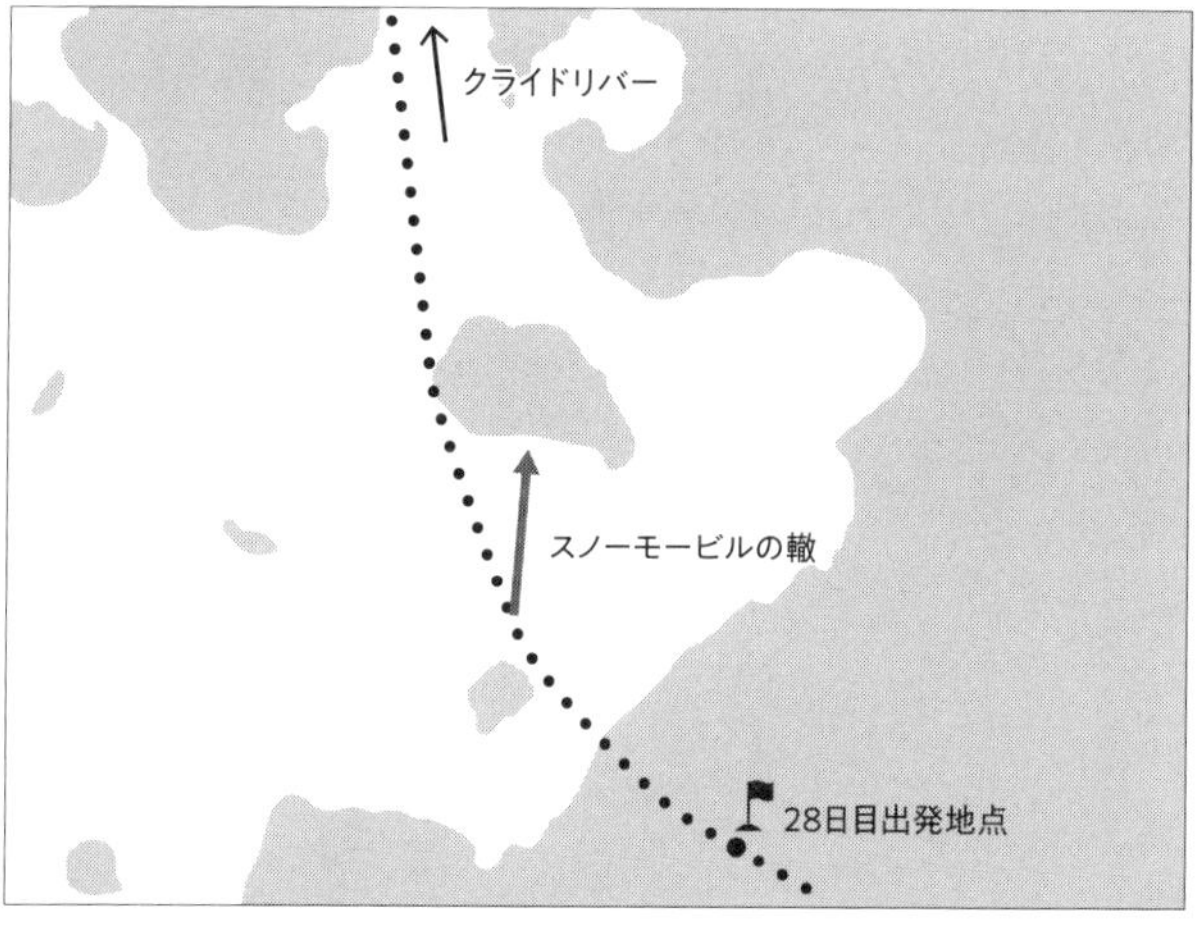

らはどう動くのだろうか。

私はソリを引きながら轍の外側を歩き、深雪の状況を確認し、もしいま自分が先頭であれば、進路をどちらに取るかを考えた。

西郷を中心とした先頭集団は、一向に轍の中から出ようとしない。

もう、正しい進路となる島の西側がそこに見えている。いつ、軌道修正をするのだろうか。いや、それよりも、漫然と轍の中を歩いている姿に、私は苛立ちを覚えていた。

私は人格者でもなんでもない、一人の人間だ。これまで、彼らの浮き足立った様子であったり、私からすれば簡単なナビゲーションができない様子に対して、苛立ちも口出ししたい気持ちもずっと抱えている。しかし、言いすぎれば若者たちは萎縮してしまい逆効果だし、言わずにいるのも気付く機会を逃してしまう。

この時、私は明確に苛立ちを抱えていた。

いつまでも正しい進路に進もうとしない本隊は無視して、私は一人で最後尾から正しい進路に向けて歩き出した。

私の右前方に、メンバーたちの隊列が連なっている。彼らのことはお構いなしに、私は一五度ほど左にズレた、島の西側の岬を目指して歩く。

そちらの先の方向には、隊全体の様子を撮影しようと、柏倉がカメラを持って立っていた。

「荻田さん、どうしたんですか」

柏倉が声をかけてきた。

「いやぁ、轍から出てこんなぁと思ってね」

「そうですね。行くのはあっちの方向でしたよね」

そう言って、柏倉は島の西側の岬を指さした。

「そうなんだよね」

私は少し考えてから言った。

「ちょっと、このあと全体を止めるから、動画の撮影たのむわ。大事なところになるから、撮っておいて」

「分かりました」

私は、柏倉にこれから起きるであろうことを予告した。

クビ宣告

隊列は、休憩のために立ち止まっていた。若者たちは、私が最後尾から進路を変えたのは、柏倉に合流して何か話でもするためだと思っていただろう。そこに、私は離れたところから大声で叫んだ。

「全員、こっちに来て！　先頭から歩いてきて！」

先頭を歩いていた市川が、何事だろうかという顔で近付いてきた。

若者たちの隊列が私のすぐ近くで足を止めると、私はハーネスからロープを外し、前から四番目を歩いていた西郷に近付いた。

「西郷君。地図とコンパス出して」

強い口調で言い放つ私の姿に、西郷は「あ、はい」と慌ててソリから地図を取り出した。

西郷から地図を受け取ると、私は西郷に向けて一言「クビ！」と吐き捨てた。

その瞬間、西郷の表情が固まった。

「ここからは俺が先頭行くから、全員ついてきて」

私はメンバーたちに叫ぶと、ソリを引くロープをハーネスに繋いだ。もう、ここからは先頭を私が歩くつもりだ。

全員の表情が、何が起きているのか戸惑っている様子だった。西郷も、突然の事態にどうしたら良いか分からない。

「西郷君、最後まで頑張れよ！」

少し離れたところから撮影していた柏倉が、西郷に叫んだ。

「荻田さん、西郷君に最後まで頑張らせましょうよ」

続いて、私にも叫んだ。

「いや、もう無理でしょう。このままじゃ、ずっと同じだよ」

突き放すように、私は答えた。

「さっきのところを、まっすぐ行ったからですか？」

西郷が絞り出すように、私に尋ねてきた。自分の何が悪かったのか、なぜ地図を取り上げられるのか、彼は混乱していた。

「はい、じゃあもう行くよ！」

私はそれには答えず、歩き始めた。

「西郷君、二番目に付きな！」

柏倉は、西郷を私のすぐ後ろを歩かせようと、声をかけた。

私は先頭に立つと、後ろを一切振り向かずに、正しい進路である島の西側を目指して進んだ。歩きながら、さて、このあと彼らはどう出るのだろうかと考えていた。このまま納得して私に従うのか、それとも、抵抗を見せるのか。

時計を見ると、歩き始めて三十分が経過した。いつもの休憩のタイミングである。

私は立ち止まると、振り返って「はい、休憩ねー」といつも通りの軽い感じで言った。

私の真後ろに、西郷がいた。

西郷は、立ち止まると間髪入れずに私に詰め寄ってきた。

「荻田さん、さっきのところ、何が悪かったんですか」

真剣な眼差しで、迫ってきた。

「考えてみなよ。何がダメだったか、分からんか」

「轍をまっすぐ進んだからですか⁉」

西郷を囲むように、他のメンバーたちも集まってきた。

「轍をまっすぐ行ったから、というのは、そうだけど、そうじゃない」

「確かに、正しい進路がもう見えているのは分かってました。でも、みんなで話をしていて、この雪で体力的にキツいメンバーもいるし、ヨッチ（三浦）の足首も厳しいので、歩きやすい轍を行く方が良いよなって、そうみんなで話していました。それはダメですか⁉」

西郷は、自分の判断は間違っていない、そう信じている。

私は西郷に応じた。

「そうだな。あの場面で、轍の上を歩くのは、間違った判断ではない。それは良い。でもな、その判断を下すまでが間違っているんだよ」

「どういうことですか」

西郷は、虚を突かれたような表情で尋ねた。

「みんなで話をして、轍の上を歩いた方が良いとなった、と言うのは分かる。確かに、轍の中の方がソリの抵抗感がないし、楽だよな。でもな、じゃあ、誰か一人でも、轍の外側をソリを引いて歩いてみて、深雪と轍の中と、どちらの方が楽なのか、どの程度の負荷があるのか、実際に試してみたか？　西郷君は試したか？」

私がそう言うと、西郷は黙った。

「俺は一番後ろを歩いていたが、試してみたよ。轍の外側を歩いて、深雪だとどのくらい体感的にソリが重くなるか、試してみたよ。確かに、この雪質だとキツかった。轍の中の方が楽だったよ。でも、誰も試してないだろう。後ろから見てれば分かるよ。実際に試してもいないものと比較して、なぜ轍の中の方が楽だという結論が出せるんだ。それが、昨日も言った希望的観測だと言っているんだよ」

西郷は私の言葉に反論できずに、呆然と立っていた。

「何人かで轍から外れて歩いてみて、どっちの方が楽かな、やっぱり深雪の上は厳しいな、だから轍の中をしばらくは進もう、そうやって話し合いの末に行くのであれば、正しい判断だと思うよ。俺もそれでいいと思うよ。でも、そんなこと誰もやってないだろう。最初から轍の中の方が楽であるはずだ、という思い込みで判断しているんだよ。それが希望だって言っているの。希望的な観測で引っ張るなって昨日も言っただろ。分かるか？」

「はい、分かります」

西郷は、小さな声で答えた。

「ああいう分かりやすいもの（轍）を何も考えずに追いかけるんじゃなくて、こういう時（視界不良）に練習しろよ。ナビゲーションを。そんな気がないじゃないかよ。だからクビだよ」

「言っている意味は分かります。でも」

「でも、なんだよ」

「でも、もう一度やらせてください。お願いします。もし次で」

西郷がそう言ったところで、私は言葉を遮って言った。

「この世界はね、次こそ頑張りますはない世界なんだよ。次こそ頑張りますの前に死んでるんだよ、大体、みんな。次がないから、死んじゃうの」

私の言葉に、西郷も他の誰も何も言えなくなった。

そこに、柏倉がカメラを構えたまま、思わず言葉を挟んできた。

「みんなさぁ、みんなでここまで乗り越えてきたんだろ。ここで西郷君だけ怒られて。みんなで力合わせてみろよ。みんなで荻田さんにお願いしてみろよ」

「いや、俺はお願いされたからといって、任せるかどうかは決めないよ」

柏倉の言葉を、あっさり却下した。

「みんな、気合い見せてみろよ」

柏倉はそれでも続けた。

「いや、気合いの問題じゃあない」

私の言葉に、全員がどうにもできずにいた。

西郷は、自分は正しい判断をしたと思っていた。しかし、結果は正しかったかもしれないが、結論を出すまでの経過が間違っていた。それでは、その結果は偶然合っていた、というだけに過ぎない。

人間はつい自分の主観的な希望、予断に流されて判断を下してしまう。こうであるはずだ、こうあって欲しい。そのような、事実を自分にとって都合よく歪曲する考え方が、自然の中では事故を招く。

順調に行けば、明日にはゴールできるはずだ。多少のことには目を瞑って、ゴールしてしまえば良いと思うかもしれない。しかし、私は最後まで気を抜くことは許さなかった。

そして、これがこの旅の中で、最後の成長機会だという思いがあった。

「もう分かっただろ。じゃあ、ここからは最後まで俺が先頭行くからね。みんなついてきて！　はい、休憩は終わり！　行くよ！」

そう言って、私は歩き出そうと正面を向き直し、ソリを引こうとした。

すると、ソリを外した西郷が私の目の前に回り込んできた。

「荻田さん！　お願いします！　最後までやらせてください！」

「ダメだ！　お前はクビだ！　どけ！」

私は西郷の両肩を摑んで、横に払おうとした。が、西郷は頑として動こうとしない。

西郷も負けじと、私の両腕を摑んで「お願いします！」と真剣な表情で迫ってくる。

「うるさい！　どけ！」

私は手に持っていたストックを投げ捨てると、西郷の左頰、右頰を両手で殴打した。

「うっ、ぐっ」

堪えた西郷の声が聞こえる。

「お願いします！」

「うるさい！　行くぞ！」

そう言って私はソリを引こうとするが、ソリが動かない。振り返ってみると、私のソリに小倉が乗って動かないようにしていた。

「どけ！　西郷！」

「どきません！」

私と西郷の押し問答が続きながら、気がつくと私は背後から誰かに羽交い締めにされていた。背後から両脇を押さえつけられ、私の右腕を誰かが抑え、左腕も抑えられている。

街場で騒ぐ暴漢を、警察官が複数で取り押さえているような状況だ。

「あぁ、もう、めんどくせえな！　分かったよ！　あとはもう知らんぞ！」

私はそう言って、力を抜いた。

西郷から取り上げた地図とコンパスを懐から取り出すと、西郷に返してやった。

「もうここからは何も言わないからな」

「分かりました」

地図を取り戻すと、西郷は二番目に付いて進行を再開した。

全員がひとつのテントに

二十八日目を歩き終わった。

今日も二四㎞弱を歩き、クライドリバーまでは残り二三㎞である。

昼にテント設営に入る頃には、雲に切れ間も見えるようになった。天気が回復するだろうか。

毎晩の恒例となった、テントでの西郷との明日のルート確認も今日が最後になるだろう。ここ最近、西郷は一人でテントに来るのではなく、誰かを誘って来ることが多かった。おそらく、西郷なりに他のメンバーにもナビゲーションに興味を持ってもらい、何をテントで話しているのかを知ってもらいたいという、そんな気持ちなのだろう。

その作業も、今夜が最後になるはずだ。

「荻田さん、入っていいですか？」

テントの外で西郷の声がした。

「ちょっと、全員連れてきたんですけど」

続いて、西郷が言った。「全員て？」と思いながらテントの入り口を開けると、メンバー全員が立っていた。

「最終日なので、せっかくなので全員でと思って」

果たしてテントに入り切れるのだろうか。一人ずつ入ってくると、最後の方は誰かの膝の上に抱えるようにして詰め込み、十四名全員が一つのテントに収まってしまった。

「入れるもんだねぇ」

そう言いながら、明日のルートの確認もそこそこに、私はこれまでの感想を聞いてみた。

「まだ明日もあるけど、ここまでどうだった?」

西郷に問いかけると、予想通りの答えが返ってきた。

「楽しかったですが、楽しいだけの日々では

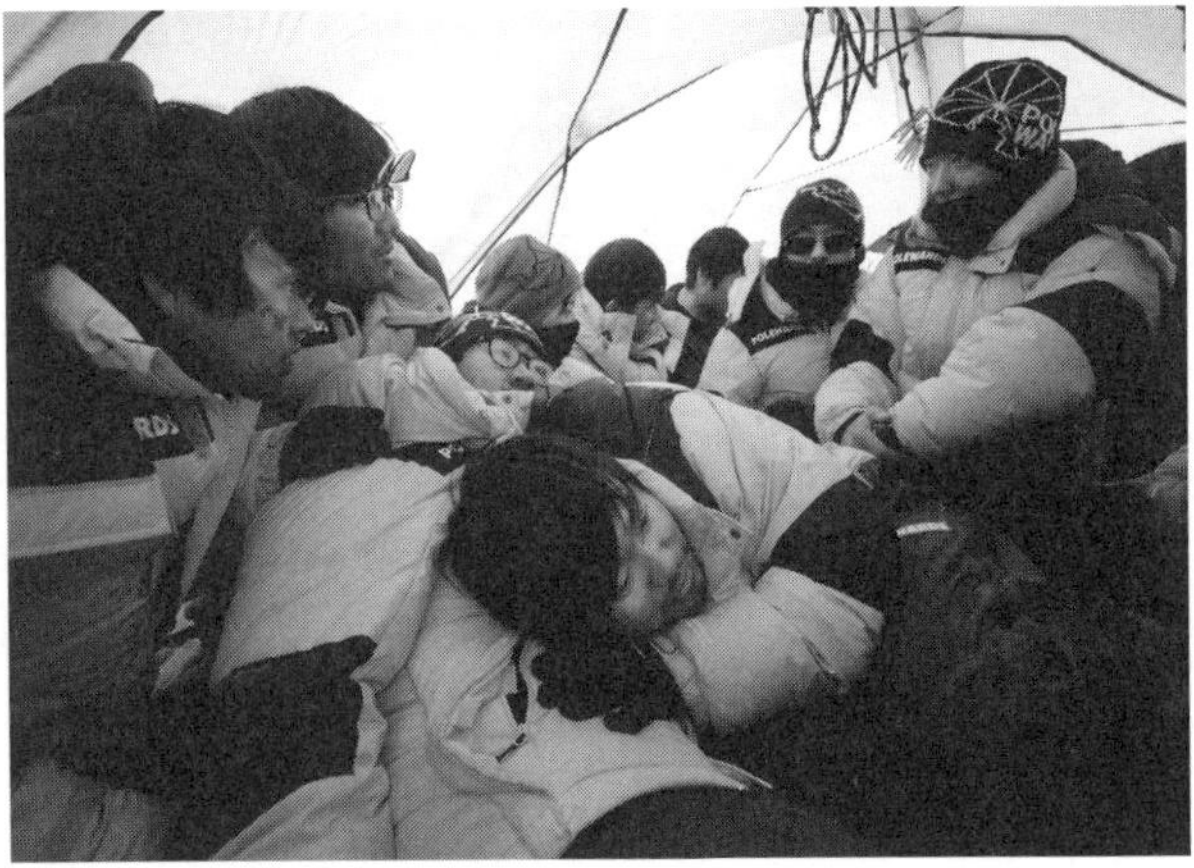

全員がひとつのテントに入る最後の夜

なかったので、一生の糧になったと思います」

全員が、その意味を理解して笑った。

最後の二三・五km

五月五日。二十九日目。

「おはようございます。昨日の夜から、今日もみんな色々考えていると思います。今日はもうラストだとか、今夜はゴールして美味い物が食えるとか、そういうこともありますが、今日の二三・五kmをちゃんと行き切らないと、笑って終われません。この二三・五kmを、今までで一番気合入れて行きましょう。で、今日みんなで笑ってゴールしましょう。ルートは、昨日の夜にみんなも地図を見たと思いますが、真北よりも一五度西寄りがとりあえずのルートです」

朝三時。西郷の朝の挨拶で一日が始まった。

昨日ほどではないが、今日もやや雲が厚い。が、水平線方向の視界は効くので、進むべき進路は目視でも確認できる。

昨日、西郷から地図を取り上げ、その後に返してからは、ナビゲーションに関しては何一つ、口出しをしていなかった。

実際、昨日はあれ以降問題はなかったし、西郷を取り巻くメンバーたちの集中力が、また一段高まったように感じていた。

そして今日、最終日の全員の動きは、見事なものだった。

西郷は積極的に指示を出し、先頭に立つメンバーたちは、全員が進路決定に参加していた。「西郷君、進路はどっち?」と西郷に尋ねることなく、自分も一緒に考えて方角を決めようという姿勢がある。

全員が、ゴールへの推進力を持ちながら、しっかりとお互いを思いやっている。

後列では、足首の靭帯に故障を抱える三浦を、飯島がフォローしていた。メンバーたちの最後を歩く小倉は、隊全体の進路が後ろから見て曲がっていると、時々振り返る西郷にストックを振り上げて手信号で軌道修正をする。

一人ひとりが、自分でやるべきことを見つけ、きちんとその役割を果たしている。最終日になって、ようやく全員が闘うチームになったなぁと、最後尾から見て感じた。

このチームなら、俺も安心して後ろをついていけるな、そう感じることができた。今日までの二十八日間は、全てがこの一日のためにあったような気がする。

村が近くなると、私たちの横をスノーモービルが何台も行き交うようになった。近くの海岸線には、イヌイットが個人的に使うのであろう、小さな小屋が点在している。村から少し離れたところに、自分の小屋を持つ人が多い。

もう、ゴールのクライドリバーはすぐそこだ。

去来する想い

全員が、色々な思いを抱えてこの北極の冒険に参加してきた。

それぞれがまったく違うところから、違う理由でこの北極行に集まってきた。そんな見知らぬメンバーたちがチームとなり、一ヶ月の冒険に出た。

本当に、見事なまでに経歴も、個性もバラバラなメンバーたちだ。だから、面白い。規格化された機械人間たちによる、画一的なチームなど、面白くも何ともない。だからこそ、メンバーを集める際に一切の基準を設けなかった。

それにしても、彼らと一緒に旅をして、俺自身はどう感じているんだろうか。歩きながら、そんなことを思っていた。

若者たちは、それまで人生が交わるはずのなかった仲間たちと偶然出会い、そこで一緒に旅をする中で、多くの体験や学びや出会いがあることは、俺には分かっていた。自分自身、約二十年前に初めて北極に行った時がそうだったから、よく分かる。

この冒険が始まった当初、若者たちの気分が浮つき、ただの楽しい旅が始まるという雰囲気に包まれていた。が、またその気持ちもよく分かる。俺もかつてはそちら側にいたよな。

三日目の朝。出発する時に、就寝中に遠くで聞こえた氷河の崩落音を全員に「聞こえた?」と尋ねると、誰一人として気が付かなかったのを、あの時は驚いた。すごい音がしたのに、気が付かないんだなと思ったが、よく考えれば、俺が若い頃だったら同じように気が付かなかっただろう。

ホワイトアウトの中でのナビゲーション。自分にとってはこれまでの経験から、それほど高度なことをしたつもりもなかったが、みんなにとっては魔法を見たような気分だっただろう。

水平線に並んだ二つの島。同じ地平から眺めているのに、彼らには見えていない島の遠近感を、俺だけが瞬間的に察知していた。

西郷を繰り返し叱った島越えのナビゲーション。初めての体験では、できなくて当たり前だが、それでもよく諦めずに喰らいついてきた。

今日まで、何度も彼らに対して思ったことは「なぜ、こんな簡単なことが分からないのだろう」「なぜ、簡単なことができないのだろうか」ということだった。

しかし、次の瞬間には「いや、待てよ。そうだよな、俺も二十年前はできなかったよな」そう思うことが多かった。

重なる二十年前の自分

これまで自分は、多くの場面で単独行での冒険を行ってきた。

単独行を二十年近く続けていると、自分自身の成長であるとか、どれだけ経験値を積み上げてきたのかを客観的に判断するのが難しい。二十年で間違いなく自分自身は変化しているはずだが、単独行ではそれを比較する相手がいないのだ。

グラデーションを描くように、人は少しずつ成長していく。

ただそれも、社会の中では誰かとの比較、数値化された基準によって、自分の立ち位置が客観的に相対化される。

しかし、これまでの二十年は、誰もやっていないことを、誰も行かない場所で、一人で淡々と続けてきた日々だった。

ポリニアの知識や、乱氷帯での歩き方、ホッキョクグマへの対処の仕方だのをいくら身に付けたところで、日本に帰ったらどこにも使いようがない、無駄な知識や経験である。が、無駄だからこそ価値があった。その知識や経験を身につけて日本に帰った時には、社会的に相対化された意味は何ひとつ伴わなかったが、個人的な価値は確かにあった。誰にも、どこにも役に立たない、俺だけが、俺一人だけが知っている知識であり、知恵であるという絶対的なものを確立していくその過程が、何事にも変えられない大切な時間だった。

絶対的な自分自身でありたいと、二十年間極地に通ってきた。

誰かと比較するということは、他者と自己を相対化させるということだ。自己の相対化とは、自分を自分以外の基準で測ること。外部化された価値基準によって、他者の視座で自らを見ること。俺は、そんなことをやりたいとも思わず、その必要性にも迫られず、究極の自己満足として北極や南極を歩き続けてきた。

一人だからこそ、改めて振り返ると、二十年の経験によって、自分はどこまで成長してきたのかがよく分からなかった。

しかし、今回一緒に旅をした彼らは、紛れもなく二十年前の自分だった。

いつの間にか、昔の自分自身と一緒に旅をしているような気分になっていた。

この冒険の間、何度も「自分もそうだったな」と思い知らされた。自分が何かをできるようになると、できなかった時のことがもう思い出せなくなってしまう。

意識的に見ようとしなくても、見えてしまう能力を身に付けた時、もはや見ているだけで見えてはいない世界観には立ち戻れない。

生物学者のユクスキュルは「環世界」という概念を書いている。

トカゲ、人間、ハエ、シマウマ、生物それぞれが見ている世界というのは、それぞれが知覚できる能力によってそれぞれに世界を見ているため、全ての生物が客観的な同じ世界に住んでいるわけではない。生物それぞれに、主体的な「環世界」があるのだ、という。

この旅を通して、生物ごとの差ではなく、それは人間一人ひとりが全て異なる環世界に住んでいるのだ、ということがよく分かった。

俺と、彼らの間にあるその差こそが、自分自身の二十年の意味だった。

意味は後からついてくるものだよ。意味はそのうち分かるよ。

絵を描くことに悩み、その意味を求めようとしていた松永に対して、俺自身が自分で言ったことがよく分かる。

北極を歩いてどうなるのか。日本に帰ったら何の役にも立たない知識や経験を積み上げたところで、それには何の意味があるのか。別に、これまで悩んだことはなかったが、今回の旅を通して、自分が歩んできた極地冒険二十年の意味の一端に、少しだけ気付くことができた。

俺自身の個人的で絶対的な価値であったものが、彼らを通して相対化された時、時間をおいて意味の方から俺に対してやってきた。

彼らと一緒に旅ができて良かった。

二十年前の自分と、出会い直す機会をもらうことができて、良い旅だった。

日記より

「三時出発。ついに最終日。雲が重い朝、風も正面から。最後まで気をつけて行こうと声をかけて歩き出す。足元はまっ平ら。途中の島の辺りからは北へずっと風で洗われた雪面が続く。とても歩きやすい、快適だ。先の方向は時折雲に隠れるが見えている。西郷はじめ、ナビグループは何度も慎重にルートを確認。もう間違えることはないだろう。途中で幅三〇cmほどのクラック。水が出ている。春である。ここまで無事に来れてよかった。皆の調子も良い。三浦は

クライドリバー目前

左足の靭帯の古傷で、最後はずっと歩き（スキーなし）で頑張った。大したものだ。クライドインレットに入ると、西側の岩壁が美しい。雲にも切れ間が出てくる。九時頃に東側の岬を回り込むと、正面にクライドリバーの村が見えてきた。皆ついにここまで来たと喜ぶ。横を二台のスノーモービルが通る。街に向けてまっすぐ一直線。十一時三十分に村の正面の海岸線に到着。だが、何とも実感がない。皆一様に淡々としている。ここがゴールであるが、終わる感覚がない。何の感慨も沸いてこない」

いつもの日常が過ごされている、クライドリバーの村の海岸線に私たちは近付いていった。

とりあえず、ゴールをどこにしようか。村を目の前にして、みんなで話し合った。海岸線の海氷に。一本のクラックがあった。その五〇mほど手前で立ち止まり、全員が横一列になって、クラックをゴールテープのように見立てた。

全員でそれをまたいだ瞬間に、そこをゴールとした。

あまり、嬉しさも爆発しそうな喜びもなかった。なぜこんなに淡々としているのだろうか。

明日もまた、午前三時に出発しそうな気分である。

「お疲れさん！」

ゴールシーンを撮影する柏倉が叫んだ。みんなが一様にストックを振り上げて、笑顔を見せるが、どこかカメラを意識した作り喜びのようにも見える。

無事ゴールしたことへの安堵感。そして、約一年をかけて準備してきた旅が、ここで終わってしまったことへの寂しさが、私の胸にはあった。

いつもそうだ。

一つのゴールとは、一つの喪失でもある。

この総勢十四名で北極を歩くという、二度と訪れることのない時間が終わってしまった。

この経験は、彼らにも、私にも、人生の中で大切な一つの地層になっていくはずだ。

これから先、人生の中で訪れるであろう様々な苦難や喜びもまた、一つの層になる。

その地層が厚く、深くなるほどに、その地盤に支えられた彼らの人生は強固で、豊かなものになっていく。

これからの様々な場面において、自らが依って立つ足元には、半ば忘れ去られた記憶も含めた経験が、地層のように積み上がっていると気付くだろう。

冒険の意味というのは、その時初めて、意味の方からやってくる。

冒険には、その行為自体に意味はない。しかし、価値はある。信じろ。

冒険に意味を求めるな。

真剣に、真摯に打ち込み、そして信じて待っていれば、冒険は素晴らしいものを君たちの人生にもたらしてくれるだろう。

クライドリバーの村を海岸線から見上げながら、仲間たちと旅を無事に終えられた、その感慨を嚙み締めていた。

〈附記〉

北極圏を目指す冒険ウォークを振り返って

●あの時の景色にはまだかなわない――松永いさぎ

北極冒険ウォークに参加した時私は二十三歳でした。それから五年が経った今も、北極での記憶は私の中で異質な光を放ち続けています。

荻田さんの講演を聴きに行って、それから実際に自分も北極に行くことができたとは、当時も今も信じられないような体験です。

ただ、冒険というよりは北極の風景に興味があった私にとって、冒険ウォークを通して体験した北極は良い意味で想像とは別のものになりました。

静かで美しい北極のイメージに憧れていましたが、今北極というと、雪原の中を歩いてゆく隊全体の呼吸や、個性的なメンバーが作り出す雑多な熱のようなものを思い出します。

北極を歩いた一ヶ月間は、運動とは無縁だった私の人生の中で一番身体的に辛い日々でした。全力で歩いても全然前へ進まないような感覚や、徐々に前の人との距離が離れていく焦りや不安は忘れられません。

隊全体のペースが遅れてしまうため、自分の荷物の一部をメンバーに持ってもらいました。

日記にはほぼ毎日、誰に荷物を持ってもらったかがメモしてあります。市川さん、西郷さん、飯島くん、こっすー、諏訪さん、りょうくん、安藤くん。今日は遅れてしまったとか、ペースを下げてしまった、あるいはちゃんと歩けたとか、そういったことが一緒に書かれています。

私と未歩はいつも隊の後ろの方を歩いていて、隊の前方と距離が離れてしまう時などは、一緒に後方で歩いている小倉くんや飯島くんなどのメンバーがペースの調整をしてくれていました。

その日の歩く時間が終わると夕食までの空いた時間に周りの風景をスケッチしました。かける時間は数分から三十分ほどで、画材は色鉛筆。色面的な北極の景色を色鉛筆で写すのは難しかったですが、スケッチの出来よりも、見て描くという行為を通して景色と向き合う時間を持てたことが嬉しかったです。

途中で一度、スケッチをする時間があるならその分休息の時間にあてた方がいいと、スケッチをやめたことがありました。物資補給地点のキキクタルジュアクで冒険ウォークへの姿勢を改めるタイミングでした。足手まといになっている自分への自罰的な気持ちもあったのだと思います。

結局、数日後の栗原さんとの通信で「絵は描いてますか」と聞かれたことや、気にかけてくれるメンバーがいたことなどから考え方が変わっていき、自分一人では到底来られない場所に荻田さんのおかげで来られて、メンバーに助けてもらって今ここの景色を見られているのだから、描きたい気持ちがあるのなら描いた方が良いと思うようになりました。

また荻田さんのテントでスケッチをさせてもらった時の、荻田さんの「絵を描くことに意味はないけど価値はある」という言葉にも後押しされました。言葉以上に荻田さんの存在感に説得力がありました。荻田さん自身はテント内でごく自然にくつろいでいるのですが、そのせいか逆に迫力が増して見えたのが印象に残っています。テント内に置かれている道具たちも、自分たちのテントで使っている道具とは別物のように感じました。

比較的体力の残っている日だけ、数分だけ、という条件で私はスケッチを再開しました。人や道具も描いてみたらという荻田さんのすすめもあって、停滞日のテントの中で描いた未歩の絵は、描けてよかったなと思うお気に入りの一枚です。

前半は不慣れな状況に毎日ついていくことがやっとでしたが、スケッチを再開したあたりから、今この場所にいられて嬉しいと感じるようになり、迷惑をかけて申し訳ないという気持ちよりも、メンバーへの感謝の気持ちの方が大きくなりました。

当時の私は個人プレーが中心の生活を送っていて、特に絵を描く作業は最初から最後まで一人で完結するものです。そんな中で北極冒険ウォークに参加して、自分一人ではどうしようもない状況で誰かに助けてもらい、全体の一部として自分を捉えた経験は、私にとってとても貴重なものでした。

浪人生だった十八歳の頃から感じ始めた北極の厳しい自然への憧れは、鬱々としていた日々の中に生を実感したいという気持ちによるものだったと思います。そして北極で感じたものはまさに力強い生でした。

今私は大学を卒業してゲーム会社で働いています。

ふとした時に北極での日々を思い出し、あの時と比べて今の自分はどうだろうか？　と考えます。

今の自分の状況は、幸運な偶然によって荻田さんに先導してもらい見ることができたあの時の景色にまだかなわない、というのが正直なところですが、いつか自分で歩いていく先にあの時に負けないくらいの強さをもった景色を見たいと思っています。

●自分の心に従うのは誰にでもできることではない――池田未歩

わたしが北極冒険にまったく関係ない立場でこの本を読んだとして、何となく好きになれないと感じるのは池田という登場人物、つまり、めそめそ歩いていた五年前の自分のことではないかと思います。

当時のわたしは極地への憧れから北極というキーワードに飛びつき、後に続く冒険の二文字は考えないようにして過ごしていました。

国内合宿では「思っているより大変なことかもしれない」と他人事のように感じ、覚悟もないまま出発した結果、道中の身勝手な行動につなげてしまったのだと思います。

こんなに長い今日と同じ明日が来て、それがあと何日続くのだろう、と指折り数えて過ごしていました。早く眠らなければ力がでないのに、眠ると明日が来るのが怖かった。自分から手を挙げて参加したはずなのに、おかしな話です。

腹をくくって歩いた後半の方が日数としてはずっと長いのですが、あまりに必死で記憶がありません。

「これだけ頑張ったのだから、少しかっこいい自分に生まれ変わっているに違いない」と、期待をふくらませたゴール地点。残念ながら、思い描いた極上の達成感は、込み上げる気配もありませんでした。

もしかしてこのまま何も変わらないのではないかと気づきつつある状況で、じわじわとショックが広がっていく感覚は今も鮮明に思い出すことができます。

ひとしきり落ち込んだ後に気づいたのは、自分のとった行動や選択など、行為自体に自分自身の中身を変えてもらうことはできないのかもしれない、ということでした。こんなに単純な感想ですら、きちんと腑に落ちたのは全てが終わって何ヶ月も後になってからです。

この振り返りを書きながら「北極冒険が人生を変えたかどうか」を考えました。冒険のおかげで人脈が広がり、当時とは考え方も変化しています。でも、冒険がなくても、然るべきタイミングに別のきっかけが生じ、それに影響され、わたし自身は今と同じ仕上がりになっている気もします。

ただ、「じゃあ行かなくてもよかったのか」と聞かれるとそうではなく、憧れていた極地の景色は、一生忘れられないほど美しいものでした。

ごくたまに、また行きたいと思う自分にびっくりします。

こんなに悠長なことを言えるのは、当然周りの人に恵まれていたからで、「わたしなんて行かない方がよかった」なんて悲しい思い出になっていないのは、一緒に冒険をしたみんなのおかげだと理解しているつもりです。

参加動機は人それぞれでしたが、何かに心を動かされて手を挙げた人ばかりでした。中には仕事を辞めたり、変えることになったり、帰国後に大きな変化を伴う人もいます。それでも自分の心に従うなんてきっと簡単ではなく、社会人になった今は同じ決断ができるか自信がありません。

でも、そんな余白を持ったまま生きていきたいとも思います。改めて、大切な機会をありがとうございました。

●あんなに辛い思いをしたのにまた行きたくなる——西郷琢也

「自然の怖さを知らない君達は死ぬよ。隊がまとまらなくて、本来荻田さんが自然に対して注意を向けなきゃいけないのに、隊のことを考えなければならない時。そうならないようにするのが君の役割」

日本を出発する前、南極観測隊の越冬隊長経験もある樋口和生さんからいただいたアドバイスだ。当時僕はこの言葉をちゃんと理解できてなかった。

「隊をまとめるか…「良い」雰囲気で進められるように気を配ろう」

所詮その程度しか考えていなかった。その考えがどういう結果になったかは、本文で読んでいただいた通りだ。空回りし、調子に乗り、判断を誤り、日々後悔と反省を繰り返した。きっと自分が役に立った場面もあるかもしれないが、今でも鮮明に思い出すのは苦い経験ばかりだ。

スタートしてから、ようやく自分が樋口さんのアドバイスを理解できてなかったことに気がついた。逃げ場のない極地という閉鎖空間で、ひたすら自らの弱さと甘さに向かい続ける時間はマイナス三〇度の環境よりもはるかに厳しい。

毎日折れそうな状況の中でも、寝て起きると新しい日が始まる。辛くて、どんなに歩き出したくなくてもその場に止まることはできない。朝ごはんを食べ、身支度を整え、テントをたたみ、みんなが用意できたのを確認して、その日の行程を伝える。

「あそこの山の右の方の、あの辺を進んでいく予定です」

「あそこの山、とか、あの辺、じゃどこか分からないよ‼」

歩き出し、立ち止まり、予定している場所まで行進し、キャンプする。そして、どんなに怒られた日でも、翌日のルートを確認するために、毎晩荻田さんのテントを訪ねる。

そこには厳しい顔つきの荻田さんではなく、けろっとした、一種爽やかさすら感じるようなノリの荻田さんが待っている。その荻田さんに会うたびに、申し訳なさと感謝の念を抱く。そして次の日こそはと、予習して臨むが、現実はそう甘くない。そんな毎日を繰り返した。

だからこそ、二十八日目、最終日前日にコンパスと地図を取り上げられた時は本当に情けなくて悔しかった。

柏倉さんの声が聞こえなかったら多分その場から動けなかったと思う。ほぼ最終行程で、加えて残りは海上のナビゲーション、今日さえ乗り切ればなんとかなる。きっとどこかでそんな甘い考えがまだあったんだと思う。

その日の夜、行程的に最後のキャンプだった。荻田さんのテントに翌日のルート確認に行くのも最後だった。ルート確認のことも色々考えたが、何よりラストをどう迎えようか考え、『全員で荻田さんのテントに入る』を選んだ。

その日がどんなに辛くても、夜、荻田さんのテント内でのルート確認をする時に気持ちは毎回リセットされ、成長し、ここまで頑張ってきた。だったら最後は全員で入るしかないでしょ‼

最終日の気持ちは、僕の日記をそのまま書きたいと思う。

〈最終日の日記より〉

歩き出して二十九日目、いつものように朝準備し、十分前（二時五十分）には全員歩き出せる準備ができていた。

「今日ＢＢＱしよ〜」「着いたら……」

という楽しげな会話で持ちきりだったので、朝一のミーティングで
「楽しみなのは分かるが、まだ着いていない。本当に楽しく終われるのは今日一日、残り二三・五㎞を全員無事に歩き終えたあと。着いて楽しく終わりたいからこそ、今日を今までで一番集中して頑張らなくちゃいけない。さぁ、今日も一日頑張ろう」

と話した。今日、今までで自分も一番集中するつもりで、昨日寝た。

スタートから五㎞は楽勝。目標となる〝アイルガアイランド〟が見えていた。問題はそのあとだった。朝五時前、目標物もなく、島も見えない。予想通り隊が混乱しかける。ただ、昨日地図と山の形は頭に叩き込んでおいたので、目標となる島の左端の入り口はだいたい想像がついた。

それでも不安だったので、コンパスで北からの角度、後ろの島と隊の列の位置関係、たまに見える太陽の方向、ギリギリ見えている島からの位置関係、風向きなどから目標点を想像し、全体のスピードも意識しながら最大限集中してナビゲーションを続けた。

常に二番目を歩き、先頭に方向、スピードを伝え続けた。湾に入り、だいぶ視界もよく

なってきてからは、「クライドリバーに早く着きたい」という気持ちで速くなりがちな先頭のスピードを抑えつつ、いつも通りを維持。街が見えてからも着くまで一切気を抜かないと決め、最後まで歩いた。

ラスト一〇m、目の前にはもう町がある。横並びになり、全員で、ゴールした。直線距離六〇七～六二〇㎞。実際に歩いた距離は七〇〇㎞近いと思う。

到着してゴールを迎えてすぐ、今日のキャンプ地を探す。まだ、終わってない気がしていた。実感が湧かない。本当にゴールなの?という気持ち。日記を書いている今でも、いまだに信じられない。補給点にきた気分だ。

スーパーに行き、ペプシを飲み、肉を焼いて食べた。楽しいが、なぜだか気が抜けない。まるで明日に向けて体が調整しているようだった。その時点でもう日常じゃ無いのに。

今日一日、隊はいい雰囲気だったと思う。楽しみながらも、集中していた。当初クライドリバーに着けるかどうかすら危うかったが、なんとか天候にも恵まれ、無事にゴールすることができた。

今回の旅を一言で表すと「想定外」だ。

景色の綺麗さ、歩く楽しさやキツさ、ナビゲーションの難しさ、足の痛み、自分たちの長所、短所、楽しさや苦しさに、「思ったより」という言葉が当てはまる。その時点で、自分の想像力が「思ったより」なかったことになる。

今回の冒険は、とても記憶に残ると思う。楽しい日々だけじゃ、なかったから。たくさん写真も撮ったし、映像も撮った。それらはいつ見てもニヤッとするものだと思う。だけど、そんなことしなくても、いつまでも、このメンバーが集まるたびに笑える、記憶に残る、素晴らしい時間だったと思う。

今日、無事に歩き終えた。ここからはしっかり準備して、出発の時とは、色んな意味で、随分と変わった顔つきを見せられるよう、気を抜かずに楽しんで帰りたいと思う。

以上

二〇一九年五月五日　クライドリバーにて　リーダー／ナビゲーター　西郷

旅の終わりの実感が湧かないまま、二〇一九年五月七日、クライドリバーを発つ日を迎えた。

いつものように準備し、最後のキャンプ地から飛行場へのバスに乗りに行く。パッキングを早々に終わらせていた僕は、みんなより先にバスの集合場所に向かって、歩き出した。

「西郷君、今日のナビゲーションは？」と、笑顔の柏倉さん。

「今日っすか、今日はあの電柱とあの電柱の間くらいを目掛けて行きます！」

と、少し冗談混じりに返した。

「どの電柱だよ⁉ 具体的に言わなきゃ分からないだろ‼ へへ」と、笑いながら荻田さんが言った。

荻田さんから『どの電柱だよ⁉』って言葉が聞こえた瞬間は「またやった……‼」と緊張が走ったが、笑っている荻田さんを見て、一気に体から力が抜けた。

その時、「あぁ、終わったんだな」と理解し、感謝と共に寂しさが一気に込み上げた。

帰国後、「今回の冒険で何か変わりましたか？」とよく聞かれた。今でも北極の話をすると「それで何が変わった？　どんなものを得たの？」と聞かれる。

それっぽく答える時もあるが、内心何も変わっていないと思っている。

それは帰国直後もそうだったし、今こうして五年という時間がたった今でもそう思う。

あの経験があったから、進んだことはないし、人間的に成長を遂げたわけでもない。今も変わらず、「もっと楽に生きたらいいのに」と他人から言われるような生き方をしている。

「もう一度行きたい？」と聞かれた時は、「もう二度と行きたくないです。ただ、行って良かったです」とはっきり答えていた。

五年たった今、もし同じ機会があったとするならば、「行きたい」と思ってしまう。

「今ならあんなことにはならない」という言葉は一瞬よぎるが、言葉としては出てこない。同じメンバーで同じ日程で同じ場所にもう一回行ったとしても、必ず何かしら問題は起こると思う。前回はかなり天候に恵まれた旅だったが、次もそうとは限らない。そっちの方が恐ろしいと分かっているが、だからこそ行ってみたいと思ってしまう。

今の自分が挑戦したら、どう思うのだろうか。あんなに辛い思いをしたのにまた行きたくなってしまうのは、北極の魅力なのかもしれない。

あの時、荻田さんに手渡したコピー用紙がこんなことになるとは、想像もつかなかった。荻田さんをはじめ、支えてくださった皆様、本当にありがとうございました。

二〇一九年五月七日、クライドリバーからの帰りの機内、離陸直後に下を見た。自分たちの歩いた跡が、ひたすらまっすぐ、一直線に島に向かって伸びていた。その景色は、いまだに忘れられない。

最後に飛行機から見えたクライドリバーに続く、まっすぐな一本道。僕が荻田さんから教えていただいたことを、結果として表現できた唯一の成果だと思います。

●月日が流れるごとに冒険の持つ意味が増え続けている——花岡凌

思い返せば、小さな頃、親に読んでもらった絵本の中の主人公たちは、いつも冒険物語に巻き込まれていった。自分もいつかこんなふうに冒険に巻き込まれたいと思っていたが、当時二十五歳の私は就職して三年目を迎え、なんとなく先の人生が見えた気がしていた。

結婚をしたから、子供ができたから、老いたからと理由をつけて冒険などできなくなるなと思った。

この時私は、現実の世界で冒険に巻き込まれることなどないのだと気づいた。

そう気づいた時、目の前に現れたのが荻田さんの著書『北極男』だった。

初めは絶対にこんなことはしたくないと思っていたが、北極男を読んで数ヶ月後に荻田さんが南極へ向かうというニュースを見た。

HPを見てみると毎日の定時交信が掲載されており、なんだか楽しそうな荻田さんを見て次第に極地を歩いてみたいと思うようになっていた。

南極から帰ってきてからのインタビューで「来年は若者を連れて北極を歩こうと思います」と聞いて僕は北極男の冒頭を思い出した。

これだ！　荻田さんは絶対に連絡を待っているはずだと思った。

すぐにメールを送ってみると、近いうちに会いましょうと連絡があった。

上司には話を伝えると烈火の如く怒られたが、話を終える頃には応援すると言ってくれた。

そして会社を休んで北極に行ける様、会社に掛け合ってくれたが、会社の返答は否であり、私も辞めざるを得なくなった。

会社での仕事には誇りを持っていたし、部署の仲間たちも大好きだった。しかし北極に行くチャンスを逃すことはできなかった。

とはいえ北極に行くという事実に対して実感は湧かず、動物園にホッキョクグマを見に行って怯えてみたり、父親から「お前が北極で死んだら毛髪鑑定してもらうから髪の毛を置いていけ」と言われたり。北極とはどんな場所なのか想像もつかず、思い返すと恥ずかしいことばかりである。

北極に行くと決めてからはあっという間で、気がつくと僕はパングニタングの村から大きなフィヨルドの入り口を眺めていた。

帰国すれば晴れて無職であるが、「この先にホッキョクグマが！　冒険が!!」と甘いことしか考えていなかった。

そして、僕は日本出発から歩き始めるこの頃まで、西郷君がリーダーをすることについてなんとなくジェラシーを感じていた。

自分がリーダーをやりたかったというわけではなく、年下である西郷君が荻田さんに指示されたというわけでもなく、みんなの中で自然とリーダーとなり、みんなをまとめていたからである。

僕自身も彼をリーダーとして認めていたし自分はそんな重責を背負う自信も無かった、能力も無い。自分にできないことをまじまじと見せつけられている様で、そう感じたのかもしれない。

この西郷という男は大変不器用でまっすぐな良い奴なのである。

歩き始める頃にはすっかりそんな彼の人柄を信頼していたし、できる限りサポートしたいと思っていた。でも結果としてシャワー事件にも巻き込んでしまったし迷惑ばかりかけていた気がする。（笑）

また、この旅では何よりも大きな出会いがあった。それは現在の師匠である柏倉さんである。

シャッターを押す以外カメラの使い方など分からなかった僕だったが、せっかくカメラマンの人がいるなら色々教えてもらって帰ろうなどと考えていた。

そして柏倉さんは隊の中で唯一、仕事として参加していた。

こんな素晴らしい場所に仕事で来られる職業があるのか、と驚くとともに憧れを持つ様になった。なにより、写真を撮っている柏倉さんがかっこよかったのである。

事あるたびにいいなぁ～と話をしていると、花岡くんもなっちゃえばいいよ！と言われた。

帰国したところで無職であり、これ以上失う物のない僕はカメラマンになることを決意した。

シャワー事件の時には、北極から帰らされるかもしれない、という恐怖はあったが、それ以上に柏倉さんに見放されてしまったらどうしようという気持ちが強く、あの時のヒリヒリとした感情は今でも夢に見ることがある。

この冒険を経て一番人生が変わったのは僕ではないかと思っている。

サラリーマンとしての安定した生活からカメラマンを目指すことになり、何度も苦しい時期はあったが、この冒険に行ったことを後悔したことは一度も無い。

日本に帰って解散する時、荻田さんは冒険の意味について話をしていた。

この冒険の意味とはなんだったのだろうかとずっと考えてきたが、まだ答えは出ていない。

帰国直後に思っていたのは写真の世界を知るための冒険だったと思ったが、それからも月日が流れるごとに冒険の持つ意味が増え続けている。

あの日、北極の自然に感じた畏怖は現在も写真を撮る上で大切なアイデンティティとなっている。

あとがき

本書を執筆している時点で、この二〇一九年の旅から五年が経っている。

いま、若者たちはそれぞれが就職し、転職し、結婚をし、フリーランスとなり、相変わらずのフリーター生活を続け、再び北極に赴き、留学をし、依然として悩み、という具合に、それぞれの人生を歩んでいる。

この旅がきっかけで、同じ会社でメンバー同士が同僚として働いたりと、彼らの人生の中で一つの大きなイベントであったことは間違いないようだ。

振り返りの中で西郷君も書いているが、北極を歩いてきたなどと聞けば、周囲の人たちは「何を得てきたのか」「行く前と何が変わったか」と尋ねたがる。そして、当の本人も、実際に北極に行く前には「北極から帰ってきたら自分はどう変わるのだろうか」という期待感に満ちている。

しかし、私もかつてはその当事者であったからよく分かるのであるが、北極を一ヶ月歩いたからといって、その後の人生が劇的に変化するわけではない。

そう、現実は特に変わらないのだ。

相変わらず、自分は自分だし、目標を持てない自分も、エネルギーを持て余す自分も、北極から帰ってきてもやはり自分としてここにいる。

ところが、初めて訪れた北極の旅から二十年も経つと、あの時の経験が自分の人生の中で、突出した稀有な記憶であったことに気付く。それなりに人生の悩みを抱え、慌ただしい日常を生きる日々の中で、無我夢中でソリを引きながら、一歩を重ねるだけの無為な日々の記憶が、キラキラとした特異な輝きを放っている。

自分の記憶である北極の旅が、まるで誰かの経験かのように相対化される。でも、やはりあれは、自分自身がこの身体全てで受け取った体験だ。

旅が必ず効用をもたらしてくれるわけではない。効用を求めて旅に出るのは、意味を求めた行為である。

旅とは、憧れだ。

まだ見ぬ世界への憧れ。世界に触れた、自分自身への憧れ。そんな、個人的な衝動が一歩を進ませる力となる。

憧れること、衝動に従うこと、打算のない純粋な一歩を重ねること。その人生最大の価値を信じて歩き続ける者にしか、最高の意味は訪れない。

意味とは、徒労とも思える無為の果てにこそ生まれ出る。


この旅の最中、ある日、テントの中で柏倉から「荻田さん、日本に帰ったら、冒険研究所を作りましょうよ」と言われた。

それが何なのか、明確な予想図があったわけではないが、なんとなく「それは面白いな」と、私は感じたのを覚えている。

まだ私も若い頃、経験者も少なく、情報も乏しい極地の世界を旅するために、色々な人のところに話を聞きに行った。装備も自作し、資金もアルバイトで工面していた。何をやるにも一人だった。

そんな若い日々の中で、北極の村で出会う欧米からやってきた同じように若い冒険家たちと話をしていると、すでにスポンサーがついていたり、財団など組織的な支援を受けているようなことを聞かされた。

「日本には、そんな支援はないなぁ」

彼らと話をする度に、何度もそう感じた。彼らは、社会の追い風を受けているように感じたものだ。個人の価値による挑戦を、社会が認めて追い風が吹いている。例えるならば、欧米の冒険家たちの乗る船には帆が張られており、社会からの追い風を受けて帆走している。

しかし、その隣で、日本からやってきた私は一人で手漕ぎボート。彼らの帆走に必死に食らい付いていている、そんな印象があった。

手漕ぎボートは腕力は付く。手漕ぎボートの面白味もある。ところが、やはり遅いのだ。欧米の冒険家たちは、挑戦心に比例した社会からの追い風を受けて、すごい挑戦をこなしていく。

なぜ日本では追い風が吹かないのだろうか。ずっと、そう感じてきた。

もちろん、私も今になればスポンサーや支援は受けているのだが、もっと裾野を広く、若くやる気はあるが金はない、そんな「意味はないけど価値はある」挑戦を応援する素地が、日本社会にもあって然るべきだと考えていた。

柏倉がテントの中で発した「冒険研究所」という言葉には、私が感じていた社会的な課題点への一つの回答があるような気がした。

若者たちとの北極の旅から帰国した五ヶ月後。二〇一九年十月に、神奈川県大和市に「冒険研究所」を開設した。

二十年で溜まった私の冒険装備の保管場所兼事務所として、冒険や旅を志す人たちが気軽に集える場所にしよう。そんな思いでスタートした半年後、世界はコロナウイルスの猛威に襲われた。

その後、経緯は長くなるのでここでは語り尽くせないのであるが、二〇二一年五月に「冒険研究所」を書店として改装し「冒険研究所書店」を開設した。

気軽に来るには敷居の高さを感じる事務所ではなく、誰でも来ることが可能な書店という構えをとることで、この物理的な拠点から、冒険を社会に接続させていこうという試みだ。

書店開設から三年経過し、いよいよ若手の冒険者たちをサポートするような組織を作ろ

う と画策している。

イメージは、日本の冒険探検の部室のようなものだ。そこに行けば、誰かがいて、情報があり、仲間が見つかる。助けを求める人、助ける術を持つ人、そんな冒険者たちの物理的なハブとなる。表現を変えれば、冒険を志す者たちの梁山泊である。

旅や冒険を通して獲得した経験を活かす場もなく、四十歳を超えてもアルバイトに精を出すような冒険生活ではなく、彼らが「語ることのできる物語」を、社会に届け、自身の経験を活かすことのできる、そんな仕組みを作りたい。

本編の中でも紹介した、ポール・ツヴァイクの言葉は、冒険とは何かを考えるうえで、私の中に一つの指針になっている。

「冒険者は、自らの人性の中で鳴り響く魔神的な呼びかけに応えて、城壁をめぐらした都市から逃げ出すのだが、最後には、語ることのできる物語をひっさげて帰ってくる。社会からの彼の脱出は、きわめて社会化作用の強い行為なのである。」

冒険者は、社会のために冒険をしているわけではない。

しかし、人は一人では生きることはできない。誰しもが必ず、社会と接続しているし、接続する瞬間が訪れる。

その時、冒険者たちの「語ることのできる物語」を、社会の側が聞く用意があるかどうか。若い冒険者たちを支援していくというのは、社会の体勢を整えていくことでもある。若者たちとの旅の間、彼らの耳が私の方を向くタイミングを、私はじっと待っていた。冒険者の声を届けるためにも、社会の大勢を見極めて、機を見るに敏であらねばならない。

冒険すること、挑戦すること、それを文化として承認し、支える社会を作りたい。

自然の中での挑戦を、社会の論理で無条件に応援してしまうことで起きうる間違いもある。スポンサーや、誰かの支援という社会の論理が、自然の中で活動する冒険者の主体的な判断を奪う結果になるというのは、過去の事例からも散見される。

資金集めの果てに、その重圧で引くに引けなくなって死んでしまう。そんな冒険家の末路を歩ませないためにも、社会の理屈の緩衝壁となる存在が必要だと考えている。その辺りの舵取りも、都市と自然を往復しながら、それぞれの論理を身体的に吸収して冒険を行ってきた人物でないと、できないことがあるだろう。

それを、私にはできるという自負がある。

冒険者たちが集い、そして旅立っていくハブとなる「冒険研究所」を育てていくのが、私の次の大きな冒険だ。

二〇一九年の若者たちとの冒険は、個人の冒険活動に専念してきた私にとって、これからのやるべきことの起点となる、重要な旅だった。そんな冒険をたくさんの方に支援していただき、たくさんの企業が協賛を寄せてくれた。また、若者たちとの冒険を行うまでに重ねてきた約二十年の中でも、数えきれない方々と出会い、応援していただき、そしていまの自分がいる。

全ての皆様に、感謝します。ありがとうございます。

本書の執筆のお声掛けをいただいた、産業編集センターの佐々木勇志さんには、この冒険をまとめる場を作っていただき感謝します。ありがとうございます。

二〇二四年十月十六日　　荻田泰永

荻田泰永（おぎた・やすなが）

1977年神奈川県生まれ。北極冒険家。2000年に冒険家・大場満郎氏が主宰した「北磁極を目指す冒険ウォーク」に参加。以来、カナダ北極圏やグリーンランド、北極海を中心に主に単独徒歩による冒険行に挑戦。2019年までの20年間に18回の北極行を行った日本唯一の「北極冒険家」。2016年、カナダとグリーンランドの最北の村をつなぐ1000kmの単独徒歩行（世界初踏破）。2018年、南極点無補給単独徒歩到達に成功（日本人初）。同年「2017植村直己冒険賞」を受賞。2019年には、若者たち12人との北極行「北極圏を目指す冒険ウォーク2019」を実現。2012年からは小学生の夏休み冒険旅「100milesAdventure」を毎年行っている。2021年神奈川県大和市に「冒険研究所書店」開業。主な著書に『北極男 増補版』（山と渓谷社）、『考える脚』（KADOKAWA）（第9回「梅棹忠夫・山と探検文学賞」受賞）、井上奈奈との共著絵本『PIHOTEK 北極を風と歩く』（講談社）（第28回「日本絵本賞」大賞受賞）などがある。

わたしの旅ブックス
057

君はなぜ北極を歩かないのか

2024年11月13日第1刷発行

著者―――――荻田泰永

デザイン―――松田行正＋杉本聖士（マツダオフィス）

編集―――――佐々木勇志（産業編集センター）

地図作成―――山本祥子（産業編集センター）

発行所――――株式会社産業編集センター
〒112-0011
東京都文京区千石4-39-17
TEL 03-5395-6133　FAX 03-5395-5320
https://www.shc.co.jp/book

印刷・製本 ―――株式会社シナノパブリッシングプレス

ISBN978-4-86311-425-8 C0026